Fachausdrücke im Bild

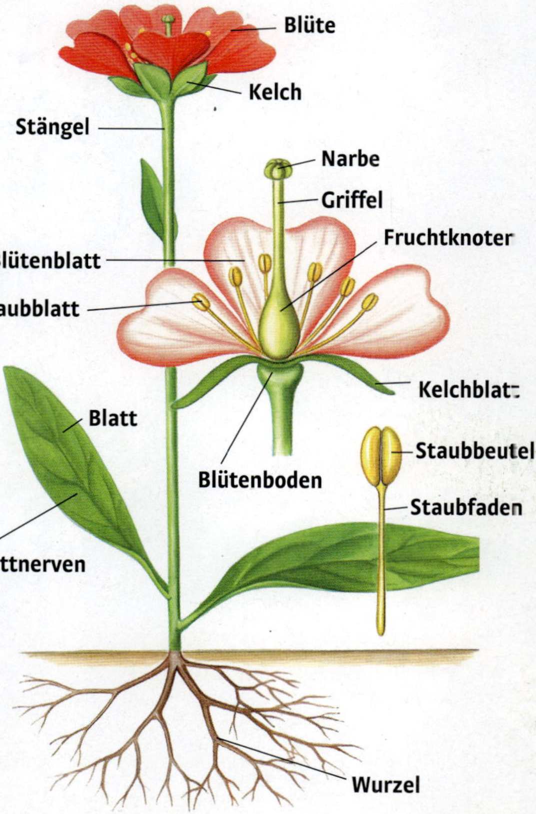

Kosmos Basics

Welche Wildkräuter und Beeren sind das?

Eva-Maria Dreyer

KOSMOS

Einführung

Wir leben inmitten essbarer Landschaften. Nicht nur in freier Natur, auch in Dorf und Stadt gibt es eine Fülle von essbaren Wildkräutern und Wildfrüchten. Sie alle zeichnen sich durch eine herausragende Vielfalt an Geschmacksrichtungen und einen hohen Gehalt an gesunden Inhaltsstoffen aus und bereichern unseren Speisezettel. Aber ihr Gebrauch war lange Zeit verpönt, von der Entwicklung industrieller Lebensmittel verdrängt. Erst seit einigen Jahren erleben wir hier ein Umdenken. Man beginnt, diese Schätze der Natur wieder zu entdecken, in der alltäglichen Küche ebenso wie in der Sternegastronomie. Warum? Wildkräuter und Wildfrüchte bieten ganz neue Möglichkeiten, Fleisch und Fisch zu würzen, Salate und Gemüsegerichte vitaminreich und schmackhaft zuzubereiten oder Konfitüren und Fruchtsäfte mit einer fast vergessenen Fülle an Aromen auszustatten. Dieses Buch vermittelt Ihnen die Grundlagen des Wildkräuter- und Wildbeerensammelns. Es ist ganz bewusst für alle geschrieben, die zum ersten Mal draußen in der Natur nach Wildkräutern und Wildbeeren suchen wollen.

Die herbstliche Früchtefülle ist vielfältig nutzbar – ob frisch, als Saft, Wein oder für Süßspeisen.

Der Aufbau des Buches
Von den rund 12 000 in Europa wild wachsenden Pflanzen sind etwa 1500 essbar. In diesem Buch sind 130 häufige, weit verbreitete und leicht zu bestimmende Wildkräuter und Wildfrüchte zusammengestellt. Für jede einzelne Art gibt es Informationen zur Bestimmung, Ernte und kulinarischen Verwendung, außerdem Hinweise auf mögliche Verwechslungsgefahren mit gesundheitsschädlichen oder giftigen Arten. Um Ihnen einen besseren Überblick über die im Laufe einer Vegetationsperiode verfügbaren Wildkräuter und Wildfrüchte zu ermöglichen, ist das Buch farblich erkennbar nach Jahreszeiten gegliedert. Es beginnt mit dem Frühling und den Monaten März, April, führt über den Frühsommer mit Mai, Juni und den Sommer mit Juli, August zum Herbst, der die Monate September und Oktober umfasst. Innerhalb eines Jahreszeitenabschnittes finden sich zunächst die Wildkräuter, dann die Wildfrüchte. Innerhalb der Wildkräuter schließlich bestimmen die Blütenfarben Weiß, Gelb, Rot, Blau inklusive Violett und Grün bzw. Braun die Reihenfolge.

Wildpflanzen sicher bestimmen
Löwenzahn, Brennnessel, Holunder und Brombeeren kennt jeder. Aber wie sieht es mit Gundermann, Wilder Möhre, Mispel und Walnuss aus? Wer Wildkräuter und Wildfrüchte sammeln und essen möchte, sollte genau wissen, was er im Korb nach Hause trägt. Bereits die kleinste Unsicherheit kann unangenehme, manchmal sogar lebensbedrohliche Folgen haben. Um in schwierigen Fällen ganz sicher zu gehen, sollte man deshalb auch an geführten Exkursionen teilnehmen sowie umfassendere Bestimmungsliteratur nutzen.
Wie geht man mit diesem Buch am besten vor, wenn man eine Pflanze bestimmen möchte? Man findet in den Artenporträts immer mehrere eindeutige Merkmale zum Kombinieren: Das sind zunächst Gestalt und

Sehr vitaminreich: die Früchte des Schwarzen Holunders.

Anordnung von Blättern, Farbe und Form von Blüten, Früchten und Samen, weiter die charakteristische Wuchsform und manchmal der Duft der Pflanze. Und letztendlich kann auch der Fundort zur nötigen Klarheit beitragen, denn jede Art ist an einen ganz bestimmten Lebensraum angepasst. Zur Überprüfung dieser Merkmale dient schließlich das Foto der Pflanze.

Wildpflanzen sammeln: Wann, wo und wie?

Das Ernten und Sammeln von Wildpflanzen beginnt im Vorfrühling und endet im Spätherbst. Nur in wintermilden Gegenden stehen auch im Winter frische Wildkräuter wie Vogelmiere oder Barbarakraut und Wildfrüchte wie Schlehen oder Berberitzen zur Verfügung. Mit dem Lauf der Jahreszeiten bieten sich immer neue Sammelschwerpunkte. So bringt der Frühling frisches Grün in Hülle und Fülle. Nun liefern Löwenzahn, Bär-Lauch, Gänseblümchen oder Knoblauchsrauke Blätter für vitaminreiche Salate und Gemüsegerichte. Im Frühsommer ist das Angebot an Blüten riesengroß. In der Hecke versprechen der Schwarze Holunder und auf der Wiese der Wiesen-Salbei so ungewöhnliche Genüsse wie Hollerküchle oder Salbeipfannkuchen. Im Juli und August haben Gewürzpflanzen Hochsaison. An Wegrändern und trockenen Böschungen verströmen Feld-Thymian und Wilder Majoran ihren würzigen

Duft. Im Herbst schließlich ist das Angebot an Wildfrüchten fast unerschöpflich. Jetzt lassen sich Schlehen, Hagebutten und Sanddornfrüchte ernten.
Wo sammelt man am besten Wildkräuter wie Wegwarte, Taubnessel, Schafgarbe und andere? Oder Wildfrüchte wie Vogelkirschen, Wald-Himbeeren und Wald-Johannisbeeren? Die Frage ist einfach zu beantworten: In Wiesen, Wäldern und Hecken, an Weg-, Wald- und Gebüschrändern, an Bachufern, auf Schutthalden und Brachland. Meiden sollte man in jedem Fall die Nähe zu gespritzten Feldern, viel befahrenen Straßen oder überdüngten Wiesen. Und meiden sollte man auch Naturschutzgebiete. Dort ist das Sammeln von Wildpflanzen verboten.
Wer neue Genüsse in der »Wilden Küche« erleben will, sollte beim Sammeln drei Grundsätze befolgen: Es werden nur Kräuter und Früchte geerntet, die man wirklich eindeutig bestimmen kann. Schon beim kleinsten Zweifel sollte die Ernte unterbleiben. Wertvoll sind nur frische, gesunde Pflanzen ohne welke Teile. Und schließlich hat es sich bewährt, Wildkräuter und Wildfrüchte in luftigen Körben nach Hause zu tragen. Denn Wildkräuter und Früchte vertragen sich nicht mit Plastiktüten. Sie werden darin in kürzester Zeit unbrauchbar.
Ich wünsche allen Lesern viel Freude bei den Streifzügen durch die Natur, die Ihnen sicher längst vergessene Genüsse oder Erinnerungen der Kindheit geschmacklich zurückbringen werden.

Besonderer Genuss: ein farbenfroher Wildkräutersalat.

Bestimmungsteil

Brunnenkresse

Nasturtium officinale

> 100 g decken den Tagesbedarf eines Erwachsenen an Vitamin C
> Ernte nur an sauberen Bächen

Merkmale Wasserpflanze mit hohlen Stängeln; 30–90 cm hoch; Blätter glänzend dunkelgrün, bestehen aus fünf bis neun Teilblättchen, Endblättchen vergrößert; Blütentraube aus weißen Blüten; Blütezeit April bis August; dünne, bis zu 2 cm lange Schotenfrucht.
Fundort Bäche, Gräben, Ufer.
Ernte und Verwendung Die Blätter dieses Wildkrauts sammelt man vom Frühling bis in den Herbst. Man nimmt sie frisch als scharf-würzige Zutat in Blattsalate. Gedünstet verlieren sie an Schärfe. Die Samen ergeben frisch oder getrocknet eine pfefferähnliche Würze. Auch zu Senf können sie verarbeitet werden.

Hederich

Raphanus raphanistrum

> im Geschmack sehr scharf – deshalb vorsichtig dosieren
> häufiges Unkraut auf Rübenäckern

Merkmale 20–60 cm hoch; Stängel aufrecht, borstig behaart; Blätter im unteren Stängelbereich in vier bis fünf Lappen unterteilt, oben ungeteilt; weiße oder blassgelbe Blüten mit aufrechten Kelchblättern, die vier Blütenblätter sind mit violetten Adern durchzogen; Blütezeit Juni bis September; lange, perlschnurartige Fruchtschoten.
Fundort Feldraine, Äcker.
Ernte und Verwendung Im Frühling sammelt man Blätter und Sprosse und nimmt sie als Salat- und Gemüsewürze. Samen und Wurzeln erntet man im Herbst; die Samen ergeben einen scharfen Senf, die Wurzeln verwendet man gerieben wie Meerrettich.

Acker-Hellerkraut

Thlaspi arvense

> kohl- bis mild senfartiger Geschmack
> lauchähnlicher Geruch
> Samen liefern ein würziges Speiseöl

Merkmale 10–30 cm hoch; Stängel kantig, gefurcht; Blätter bis 6 cm lang, schmal, pfeilförmig, ganzrandig oder etwas gezähnt; weiße Blüten, die eine lockere Traube bilden, vier Blütenblätter; Blütezeit April bis Juli; Frucht ein rundlich eiförmiges, flaches Schötchen mit breiten Flügeln.
Fundort Äcker, Weinberge, Ödland.
Ernte und Verwendung Die Blätter nimmt man von März bis Juni frisch gehackt als Beigabe zu grünem oder anderem Salat. Auch in Quark, auf Butterbrot, zu frischen Pellkartoffeln, in vielen Mischgemüsen und Suppen schmecken sie gut. Die Blüten eignen sich als essbare Dekoration.

Knoblauchsrauke

Alliaria petiolata

> junge Blätter mit Knoblaucharoma
> Blätter wie Brennnesselblätter, aber ohne Brennhaare

Merkmale Zweijährige Pflanze; 20–100 cm hoch; Stängel aufrecht, kantig, unverzweigt; zwei Blattformen: Grundblätter nierenförmig, lang gestielt, am Rand buchtig gekerbt; Stängelblätter dreieckig, zugespitzt, kurz gestielt, am Rand unregelmäßig gezähnt; kleine, weiße, vierzählige Blüten (rechts) in Büscheln an der Stängelspitze; Blütezeit April bis Juni; Frucht eine 2–7 cm lange, vierkantige Schote, die kleine, schwarze Samen enthält.
Fundort Schattige Wald- und Wegränder, Heckensäume.
Ernte und Verwendung Die Pflanze sollte ausschließlich frisch verwendet werden. Beim Kochen und auch beim Trocknen verliert sie ihren feinen Knoblauchgeschmack. Die jungen, vor der Blüte gesammelten Blätter und Sprosse würzen Salate, Kräuter- und Gemüsesuppen, Quark- und Eierspeisen. Die scharf-bitteren Samen werden wie Senfkörner verarbeitet. Auch die Samenhülsen sind nutzbar. Solange sie noch jung und zart sind, nimmt man sie frisch als Würzmittel. Die Wurzel wird im Herbst des 1. Lebensjahres oder im darauffolgenden Frühjahr geerntet. Man verwendet sie als scharfes Gewürz ähnlich wie Meerrettich.

Bitteres Schaumkraut

Cardamine amara

> ausgeprägter Kressegeschmack
> enthält reichlich Vitamin C
> wirkt magenstärkend

Merkmale Staude; 10–60 cm hoch; Stängel aufrecht, kantig, gerillt, mit Mark gefüllt; Blätter gefiedert, bestehen aus acht bis zehn ovalen seitlichen Teilblättchen und einem größeren rundlichen Endblättchen; weiße, selten schwach rosa überlaufene Blüten in einer Traube am Stängelende; vier Blütenblätter, Staubgefäße rotviolett gefärbt; Blütezeit April bis Juli; 2–4 cm lange Schotenfrucht, die kleine hellbraune Samen enthält.
Fundort Bachufer, Gräben, Nasswiesen, sumpfige Stellen in Wäldern.
Ernte und Verwendung Die jungen Blätter und Sprosse des Bitteren Schaumkrauts werden vom Vorfrühling bis zur Blütezeit der Pflanze gegessen. Fein geschnitten streut man sie in Frischkäsemischungen, Salate, Aufläufe, Suppen und Gemüsegerichte oder einfach auf Butterbrot. Auch die Samen sind essbar. Man erntet sie von Juli bis September, nimmt sie als Gewürz für Salatsoßen, verarbeitet sie zu einem scharfen Senf oder vermischt sie gemahlen mit Mehl und backt daraus deftige Brote.

Feld-Kresse
Lepidium campestre

> auch Bauernkresse genannt
> Samen/-kapseln würzen Suppen
> wirkt blutreinigend

Merkmale Einjährig; 20–50 cm hoch; Stängel aufrecht, oben verzweigt, kurz behaart; untere Blätter schmal eiförmig, am Rand glatt oder unregelmäßig eingeschnitten, gestielt; obere Blätter länglich, umfassen den Stängel mit zwei spitzen Zipfeln; weiße Blüten in einer Traube am Stängelende; Blütezeit Mai bis Juni.
Fundort Ödland, Wegränder, Felder.
Ernte und Verwendung Die Wildkräuterküche nutzt von März bis Mai die Blätter der Pflanze. In Streifen geschnitten sind sie Grundlage für viele Salate, Gemüsegerichte, Aufläufe und Suppen. Auch in Kräuterquark, Kräuterbutter oder Pesto passen sie.

Ährige Teufelskralle
Phyteuma spicatum

> köstliche Wildgemüseart
> mild-würziger Geschmack
> häufig auf Bergwiesen

Merkmale Unverwechselbare Pflanze; 20–80 cm hoch; Stängel aufrecht, unverzweigt; Grundblätter lang gestielt, herzförmig, Stängelblätter kurz gestielt bis sitzend, schmal länglich, beide am Rand gezähnt; Blüten weiß, bilden einen walzenförmigen Blütenstand am Stängelende; Blütezeit Mai bis August.
Fundort Wiesen, krautreiche Laub- und Nadelmischwälder.
Ernte und Verwendung Von April bis Mai sammelt man die Blätter und isst sie roh in Salaten oder gekocht in Gemüsegerichten und Pürees. Die Wurzel kann ebenfalls roh oder gekocht gegessen werden, schmeckt aber roh deutlich schärfer. Geerntet wird sie von September bis in das nächste Frühjahr.

Giersch
Aegopodium podagraria

> erste sich gerade entfaltende Blättchen schmecken am besten
> wohl häufigstes Gartenunkraut

Merkmale 30–100 cm hoch; Stängel kräftig, hohl, kantig, gefurcht; Blätter dreiteilig gefiedert, Teilblättchen oval, mit gezähntem Rand, dreikantiger, markiger Blattstiel; große Blütendolden, Einzelblüten klein, weiß oder rosafarben; Blütezeit Mai bis Juli.
Fundort Wald- und Wegränder, Hecken, Gärten; sehr häufig.
Ernte und Verwendung Gesammelt werden die jungen, kaum entfalteten Frühlingsblätter und die Blüten. Die Blätter ergeben gekocht ein spinatartiges Gemüse, schmecken aber auch roh in Salaten, Brotaufstrichen, Suppen und Kräutersoßen. Die Blüten nutzt man als essbare Dekoration.

Vogelmiere
Stellaria media

> passt zu kräftigeren Wildgemüsen
> wertvoller Lieferant von Vitaminen und Mineralien

Merkmale 5–40 cm hoch; Stängel dünn und rund, wächst niederliegend oder aufrecht, trägt auf ganzer Länge einen klar abgesetzten Streifen weißer Härchen; Blätter gegenständig, rundlich bis eiförmig, zugespitzt, ganzrandig, im unteren Stängelbereich deutlich gestielt, weiter oben am Stängel sitzend; zarte, weiße, sternförmige Blüten, fünf Blütenblätter, die jeweils bis zum Ansatz eingeschnitten sind; Blütezeit Januar bis Dezember; Frucht eine Kapsel, die kleine braunschwarze Samen enthält.
Fundort Äcker, Gärten, Straßen- und Wegränder, Mauern und Zäune.
Ernte und Verwendung Die Vogelmiere erinnert mit ihrem mild-süßlichen Geschmack ein wenig an junge Maiskolben. Sie gehört zu den Pflanzen, die fast das ganze Jahr gesammelt werden können. Am besten entfaltet sie ihren Geschmack jedoch im Frühling. Essbar sind Stängel, Blätter und Blüten. Sie werden als spinatartiges Gemüse zubereitet, als Zutat für Kräutersuppen, Frühlingssalate und Brotaufstriche verwendet. Die Volksmedizin empfiehlt die Vogelmiere bei Husten.

Taubenkropf-Leimkraut
Silene vulgaris

> in lauwarmem Wasser oder mit Salz ziehen lassen, um den bitteren Geschmack zu mildern

Merkmale 20–50 cm hoch; verbreitet bei Nacht einen intensiv kleeartigen Duft; Stängel aufrecht, wenig verzweigt; Blätter gegenständig, bis zu 10 cm lang und schmal, im oberen Stängelbereich deutlich kleiner als an der Basis; eindeutiges Kennzeichen der Pflanze ist ihre aufgeblasen wirkende Blüte: die Kelchblätter sind zu einer braunrosafarbenen Röhre verwachsen, aus der die weißen, tief eingeschnittenen Kronblätter herausragen; Blütezeit Juni bis August.
Fundort Trockene Wiesen, Weg- und Heckenränder, Steinschutt.
Ernte und Verwendung Die Pflanze ist auch unter dem Namen Feld- oder Wiesenspinat bekannt, denn ihre vor der Blüte geernteten, jungen Blätter und Triebe kommen häufig als spinatähnliches Gemüse auf den Tisch. Auch roh in Salaten, in Kräuterquark und Kräuterbutter oder einfach auf Butterbrot können sie gegessen werden. Die Pflanze hat im Frühling einen erbsenartigen, leicht herben Grundgeschmack, wird aber im Laufe des Jahres immer bitterer.

Bär-Lauch
Allium ursinum

> Vorsicht vor Verwechslung mit den giftigen Blättern des Maiglöckchens
> auf Knoblauchduft achten

Merkmale 15–50 cm hoch; Stängel rund oder dreikantig, hohl; zwei gestielte, breit ovale Blätter, glattrandig; kugeliger Blütenstand aus weißen Einzelblüten; Blütezeit April bis Juni.
Fundort Feuchte Laub- und Mischwälder, Auwälder.
Ernte und Verwendung Bekannte Heil-, Gewürz- und Gemüsepflanze, die in Geschmack und Wirkung dem Knoblauch ähnelt. In der Küche verwendet man Blätter, Blüten und Zwiebeln. Die Blätter werden vor der Blütezeit gesammelt, die Zwiebeln von Juli bis in den Herbst. Blätter, Blüten und Zwiebeln würzen Salate, Gemüsegerichte, Suppen, Quarkspeisen, Kräuterbutter und Öl.

Gänseblümchen
Bellis perennis

> häufigste Wiesenpflanze
> Geschmack ähnlich Feldsalat
> reich an Mineralstoffen

Merkmale 5–15 cm hoch; Blüten tragender Stängel aufrecht, blattlos; Blätter länglich bis spatelförmig, bilden eine bodennahe Rosette; Blütenköpfchen aus weißen zungenförmigen Randblüten und gelben mittigen Röhrenblüten; Blütezeit Februar bis Dezember.
Fundort Wiesen, Weiden.
Ernte und Verwendung Die Blätter kann man ganzjährig sammeln, sie schmecken aber im Frühling am besten. Sie passen in Salate, würzen fein geschnitten Kräuterquark und Frischkäse und ergeben gekocht mit anderen Wildkräutern ein hervorragendes Gemüse. Die Blüten sind eine essbare Dekoration für Salate.

Weiße Taubnessel
Lamium album

> brennnesselartig, ohne Brennhaare
> Ernte fast ganzjährig möglich
> sehr häufig

Merkmale 15–50 cm hoch; Stängel aufrecht, unverzweigt, vierkantig; Blätter gegenständig, meist dreieckig, am Rand gezähnt; weiße Blüten in Quirlen in den Achseln der oberen Blätter; Blütezeit April bis November.
Fundort Weg- und Waldränder, Ödland.
Ernte und Verwendung Essbar sind Sprossspitzen, Blätter, Blüten und Wurzel. Ab Februar gesammelte Blätter und Sprossspitzen bereichern gemischte Salate und machen sich auch gut in Gemüsegerichten oder Aufläufen. Die süßen Blüten eignen sich als Würze in Kräuterbutter oder als Dekoration für Salate und Desserts. Die Wurzeln schmecken als Kochgemüse.

Barbarakraut

Barbarea vulgaris

> **› verliert getrocknet viel von ihrem würzigen Geschmack und ihrer blutreinigenden Wirkung**

Merkmale 20–90 cm hoch; Stängel aufrecht; Blätter dick, glänzend dunkelgrün; zwei Blattformen: Grundblätter in einer bodennahen Rosette, bestehen aus fünf bis neun Paaren länglicher Seitenblättchen und einem rundlichen Endblättchen; Stängelblätter wechselständig angeordnet, ungeteilt, mit gezähntem Rand; dichte Trauben aus kleinen, gestielten, gelben Blüten am Stängelende; Blütezeit April bis Juni.
Fundort Ufer von Gräben, Bächen und Flüssen, Ackerränder, Waldlichtungen.
Ernte und Verwendung Von kresseartig bis bitter wird der Geschmack dieser Pflanze beschrieben. Man sammelt die jungen Blattrosetten im Frühling und würzt mit ihnen Kräuterbutter, Fleischsoßen, Bratkartoffeln, Mischgemüse und Salat. Blüten und Blütenknospen erntet man kurz vor Blühbeginn bis kurz nach dem Erblühen. Sie können anderen Wildgemüsegerichten beigefügt werden, schmecken aber auch wie Brokkoligemüse zubereitet. Die im Herbst gesammelten Samen ergeben ein würziges Öl. Barbarakraut ist reich an Vitamin C, wirkt appetitanregend und blutreinigend.

Gänse-Fingerkraut

Potentilla anserina

> **› Blätter sind Bestandteil magenstärkender Tees**
> **› Blätter schmecken säuerlich herb**

Merkmale Teppichartig wachsende, mehrjährige Pflanze; 5–15 cm lang; Stängel dünn, oft rötlich überlaufen, kriecht am Boden; Blätter bis 20 cm lang, in einer bodennahen Rosette, unterbrochen gefiedert, d. h. große Teilblättchen wechseln sich mit sehr kleinen ab, Teilblättchen oben grün, unten silbrig behaart, am Rand gezähnt; goldgelbe, fünfzählige Blüten an langen, blattlosen Stielen; Blütezeit Juni bis August.
Fundort Weg- und Straßenränder, Bahndämme, Schuttplätze.
Ernte und Verwendung Die jungen, zarten Blätter erntet man von März bis Mai, also noch bevor die Blüten erscheinen. Sie ergeben eine würzige Suppe, passen gut in Salate und Gemüsemischungen und als Kartoffelkräuterpüree zu Fleisch und Fisch. Auch für Frischkäsezubereitungen sind sie eine Bereicherung. Den im Geschmack an Pastinak erinnernden Wurzelstock gräbt man im Frühling oder im Herbst aus. Er wird roh gegessen, beispielsweise in Salaten, gekocht als Gemüse zubereitet und Suppen zugegeben. Getrocknet und gemahlen ergänzt er Getreidemehl zum Backen.

Scharbockskraut

Ranunculus ficaria

> eine der ersten Frühlingspflanzen
> reich an Vitamin C
> scharf, nur sparsam verwenden

Merkmale 5–30 cm hoch; Stängel meist liegend, seltener aufgerichtet; Blätter wechselständig, herz- bis nierenförmig, fleischig, glänzend dunkelgrün, mit schwach gekerbtem Rand; in den Blattachseln weiße Brutknospen, die in Form und Größe an Weizenkörner erinnern; Blüten gelb, sternförmig, glänzend; Blütezeit März bis Mai.
Fundort Schattige, feuchte Buchenwälder, Gebüsche, Bachufer; fast überall in Mitteleuropa häufig.
Ernte und Verwendung Die Blätter schmecken als säuerliche Beigabe zu Kartoffel-, Möhren- und Feldsalat, auch fein gehackt auf Butterbrot. Ebenso verleihen sie Suppen und Gemüsegerichten eine frisch-säuerliche Note. Die Brutknospen ergeben in Salzwasser gekocht und dann in Essig einlegt eine Fleischbeilage. Gesammelt werden Blätter und Brutknospen vor der Blüte. Während und nach der Blüte entwickelt die Pflanze vor allem in Blättern und Stängeln das giftige Protoanemonin und muss von unserem Speisezettel gestrichen werden. Aber ihr dann brennend scharfer Geschmack würde auch Unvorsichtige warnen und vom Genuss abhalten.

Huflattich

Tussilago farfara

> Blätter getrocknet als Hustentee
> Blätter zur Enthaarung mit einem Tuch abreiben

Merkmale Staude; 5–15 cm hoch; Stängel zur Blütezeit nur mit rotbraunen Schuppen besetzt; Blätter lang gestielt, herzförmig (rechts), unten mit einem weißen Haarfilz überzogen, entwickeln sich erst nach der Blüte; gelbe Blütenköpfchen; Blütezeit März bis April.
Fundort Gedeiht in Mengen an Bach- und Flussufern, Weg- und Straßenrändern, auf Ödland.
Ernte und Verwendung Ab März werden die Blüten gesammelt, nach dem Blattaustrieb die Blätter. Letztere haben einen ausgeprägt herbwürzigen Eigengeschmack. Ganz jung und fein geschnitten runden sie Salat ab. Leider werden sie mit zunehmendem Alter schnell hart und sollten dann nur noch gekocht verwendet werden, beispielsweise in Suppen und Gemüsegerichten. Huflattichblüten schmecken süß-aromatisch. Sie eignen sich als Aromamittel für Tees. Vorsicht: Weil Huflattich Pyrrolizidinalkaloide enthält, die krebserregend sein können, sollte man ihn nur in geringen Mengen nutzen. Es gibt heute aber auch alkaloidfreie Züchtungen.

Löwenzahn

Taraxacum officinale

> junge Blätter schmecken am besten
> Milchsaft verursacht auf der Haut braune Flecken

Merkmale Pflanze mit bitter schmeckendem, weißem Milchsaft; 5–50 cm hoch; Stängel hohl, unverzweigt, blattlos; Blätter in einer bodennahen Rosette (unten), länglich, fast bis zur Mittelrippe unregelmäßig gelappt; dottergelbes Blütenkörbchen, einzeln am Stängelende; Blütezeit April bis Mai; dicke Pfahlwurzel, die bis zu 30 cm in den Boden reichen kann.
Fundort Wiesen, Weiden, Gärten, Straßen- und Wegränder; sehr häufig.
Ernte und Verwendung Löwenzahn ist der Star der Wildkräuterküche. Die gesamte Pflanze ist ein unerschöpflicher Gemüse- und Salatlieferant. Wurzel, Blätter, Blütenknospen und Blüten sind roh oder gekocht essbar. Junge Blätter ergeben einen schmackhaften, leicht bitteren Salat. Klein geschnitten passen sie auch zu Kräuterkartoffeln, in Eierspeisen oder Frischkäsemischungen. Ältere Blätter nimmt man als herbe Beigabe zu Mischgemüse. Wer ihren doch recht intensiven Bittergeschmack abschwächen möchte, legt sie für ein bis zwei Stunden in lauwarmes Wasser. Auch Sahne oder Crème fraîche mildern den Bitterton. Die Blüten sind das süße Pendant zu den herben Blättern. Man kann sie zu einem intensiv gelb gefärbten Tee, zu Gelee oder einem aromatisch schmeckenden Sirup verarbeiten. Die Blütenknospen, in Butter gebraten, schmecken als Suppeneinlage oder, in Essig eingelegt, als Kapernersatz. Selbst in einem Chutney kann man sie verarbeiten. Auch die Wurzel, von September bis März geerntet, ist vielseitig nutzbar. Sie passt nicht nur in Salate und Gemüsegerichte. Getrocknet, in der Pfanne geröstet und dann gemahlen nahm man sie früher als eine Art Kaffeeersatz.
Mit seinen vielen gesunden Inhaltsstoffen wie Provitamin A, den Vitaminen B und C, Mineralsalzen und Bitterstoffen wird der Löwenzahn auch volksmedizinisch immer noch gerne genutzt. Er fördert beispielsweise die Gallensekretion und wirkt harntreibend. Sein französischer Name »Pissenlit« für »Bettpinkler« macht das unverblümt deutlich.

Wiesen-Schaumkraut

Cardamine pratensis

> schmeckt kresseartig scharf
> kann roh in großen Mengen Nierenreizungen verursachen

Merkmale Staude; 15–50 cm hoch; Stängel rund, hohl; Grundblätter in einer bodennahen Rosette, bestehen aus einem bis sieben Paaren rundlich eiförmiger Seitenblättchen und einem deutlich vergrößerten Endblättchen; Stängelblätter ebenfalls gefiedert, Teilblättchen hier schmal länglich; Blüten zartrosa, manchmal auch weiß oder violett, vier kreuzförmig angeordnete Kronblätter mit dunklen Adern, gelbe Staubgefäße; Blütezeit April bis Juni; 2–3 cm lange Schotenfrucht mit eiförmig länglichen, bräunlichen Samen; Samenreife August bis September.
Fundort Feuchte, nährstoffreiche Wiesen, Auwälder, Ufer.
Ernte und Verwendung Angenehm pfeffrig schmeckende Pflanze, deren Blätter, Blütenknospen, Blüten und Samen in der Küche nutzbar sind. Die zarten, jungen, noch vor der Blüte gesammelten Blätter der Grundrosette nimmt man frisch und fein gehackt als Würzmittel für Salate, Suppen, Soßen, Kräuterbutter, Quark- und Eierspeisen. Ab Juni werden sie nicht mehr eingesetzt, dann sind sie sehr bitter. Mit Blütenknospen und Blüten, die im Geschmack etwas milder sind als die Blätter, kann man Kräuterbutter oder Frühlingsquark zubereiten. Auch als essbare Dekoration sind sie geeignet. Die Samen nimmt man getrocknet und gemahlen als Pfefferersatz oder zur Herstellung von Senf. Das Wiesen-Schaumkraut enthält Vitamin C, Senföle und Bitterstoffe. Es wirkt krampflösend und verdauungsfördernd. Die Volksmedizin nutzt es als Blutreinigungsmittel und bei rheumatischen Beschwerden.
Manchmal tragen Stängel und Blätter der Pflanze schaumige Bällchen. Diese werden von der Larve einer Schaumzikade gebildet, die sich darin vor Feinden versteckt, während sie Pflanzensaft saugt. Vor der Verarbeitung werden diese Schaumnester gründlich abgespült. Das Wiesen-Schaumkraut wird häufig mit dem Bitteren Schaumkraut verwechselt, das am gleichen Standort wächst. Doch diese Pflanze hat einen markgefüllten Stängel, weiße Blüten und violette Staubgefäße. Außerdem: Das Bittere Schaumkraut ist ebenfalls essbar, schmeckt allerdings deutlich bitterer.

Bachbunge
Veronica beccabunga

> schmeckt scharf und etwas bitter
> nur an sauberen Gewässern ernten
> vor Gebrauch gründlich waschen

Merkmale 10–50 cm hoch; Stängel rund, oft rötlich überlaufen, niederliegend, richtet sich nur im vorderen Teil bogenförmig auf; Blätter gegenständig, oval, ganzrandig oder gekerbt; lang gestielte Blütentrauben aus blauen Einzelblüten in den Achseln der oberen Blätter; Blütezeit Mai bis September.
Fundort Bäche, Quellen, Ufer.
Ernte und Verwendung Ein bekanntes Wildgemüse, dessen junge Blätter und Triebe roh und fein geschnitten in Salaten oder auf Butterbrot gegessen werden können. Auch als Zugabe zu Gemüsegerichten sind sie geeignet. Getrocknet ergeben sie einen blutreinigenden Tee.

Echtes Lungenkraut
Pulmonaria officinalis

> erinnert im Geschmack an Gurken
> Tee aus getrockneten Blättern hilft gegen Erkältungen

Merkmale 10–20 cm hoch; Stängel aufrecht, silbrig behaart; Blätter ebenfalls behaart, oft weiß gefleckt, Grundblätter herzförmig, in einer bodennahen Rosette, Stängelblätter länglich, wechselständig; Blüten schlüsselblumenähnlich, zunächst rot, später blauviolett; Blütezeit März bis Mai.
Fundort Laub- und Mischwälder, Waldränder, Gebüsche.
Ernte und Verwendung Die im Frühling gesammelten jungen Rosettenblätter eignen sich gut für gemischte Salate. Ältere Blätter dünstet man besser als Gemüse. Die Blüten können klein geschnitten in Kräuterquark gerührt oder in Teemischungen genutzt werden.

Ochsenzunge
Anchusa officinalis

> nur sparsam verwenden
> enthält Spuren giftiger Alkaloide, die als leberschädigend gelten

Merkmale Behaarte Pflanze; 30–100 cm hoch; Stängel aufrecht, kantig; Blätter wechselständig, lang und schmal, ganzrandig; Blüten in Gruppen am Ende des Stängels und in den Achseln der oberen Blätter, zunächst rot, später blauviolett; Blütezeit Mai bis September.
Fundort Wegränder, Brachland.
Ernte und Verwendung Die ganze Pflanze – außer der Wurzel – ist essbar. Vor der Blüte erntet man junge Blätter und verarbeitet sie zu Gemüsegerichten und in Aufläufen. Fein geschnitten passen sie auch in einen Wildkräutersalat. Die Blüten sind eine essbare, dezent würzige Dekoration für viele Gerichte.

Feld-Salat

Valerianella locusta

> mild-nussig im Geschmack
> Eisen- und Vitamin-C-Gehalt hoch
> Ausgangsart vieler Kultursorten

Merkmale Einjährige zarte Pflanze; 5–25 cm hoch; Stängel kantig; Grundblätter in einer Rosette, länglich oval bis spatelförmig, Stängelblätter gegenständig, schmal und spitz; zahlreiche Blüten in einem gabelig verzweigten Gesamtblütenstand am Ende des Stängels, blau, selten weiß oder rosa gefärbt; Blütezeit April bis Juni.
Fundort Wiesen, Weg- und Feldränder, Weingärten, Ödland, Mauern, Felsspalten; häufig.
Ernte und Verwendung Bereits im Februar erscheinen in milden Klimalagen die ersten Blattrosetten. Gesammelt werden sie bis etwa April. Sobald sich der erste Blütenstängel zeigt, werden die Blätter fast ungenießbar bitter. Feld-Salat ist mit einem Eiweißanteil von 2% und einem Kohlenhydratanteil von 1,5% ausgesprochen kalorienarm. Er wird gerne als Salat gegessen, passt aber auch in Kräuter- und Gemüsesuppen, in Spinat und als mildernde Beigabe zu kräftigeren Gemüse- und Eintopfgerichten. Die Blüten streut man als essbare Dekoration in Salate. Lässt man die im Juli und August gesammelten Samen in feuchter Erde keimen, erhält man einen angenehm zarten Wildsalat.

Blauer Lattich

Lactuca perennis

> war früher häufige Salatpflanze
> Blüten ähnlich der Wegwarte
> löwenzahnähnliche Blätter

Merkmale Pflanze mit Milchsaft; 20–75 cm hoch; Stängel aufrecht, rund; Blätter wechselständig, blaugrün, fast bis zur Mittelrippe tief gelappt, im unteren Stängelbereich kurz gestielt, oben stängelumfassend; verzweigter Blütenstand aus wenigen blauvioletten Blütenköpfchen; Blütezeit Mai bis Juli.
Fundort Besiedelt felsige Partien der Mittelgebirge, steile Hänge in Weinbergen, trockene Rasen; braucht trockene, steinige, sandige Böden.
Ernte und Verwendung An geschützten Stellen entfaltet der Blaue Lattich bereits im Februar seine frisch-herb schmeckenden Blätter. Sie können bis zu Beginn der Blütezeit gesammelt und in der Küche verwendet werden. Danach schmecken sie sehr bitter. Roh und in Streifen geschnitten eignen sie sich als Beigabe zu Salaten und Gemüsegerichten und passen in dieser Form zubereitet als Beilage zu Fleisch- und Fischmahlzeiten. Die Pflanze ist in unserer Landschaft selten geworden, genießt aber keinen gesetzlichen Schutz. Man sollte deshalb nur kleine Mengen für den Eigenbedarf sammeln.

Wohlriechendes Veilchen

Viola odorata

> mild-süßlich im Geschmack
> Tee aus den Blüten hilft bei Husten und Halsentzündungen

Merkmale 3–10 cm hohe Staude mit langen, oberirdisch kriechenden Ausläufern; Blätter lang gestielt, nieren- bis herzförmig, am Rand gekerbt, bilden eine bodennahe Rosette; blauviolette, intensiv aromatisch duftende Blüten mit dickem, geradem Sporn; Blütezeit März bis April.

Fundort Laubwälder, Hecken, Gebüsche.

Ernte und Verwendung Blätter und Blüten sind essbar. Die Blätter können während der gesamten Vegetationsperiode geerntet werden, die Blüten in den Monaten März und April. Den blumigen Duft und die intensive Farbe der Veilchenblüten nutzt man heute vor allem zum Aromatisieren von Bowlen, Sirup, Zucker und Essig. Auch als kandierte Süßigkeit oder zum Verzieren von Kuchen, Torten und Desserts bieten sie sich an. Und sie ergeben einen wunderbar blumigen Tee. Die zarten Blätter passen roh in Salate und Quarkspeisen, gegart in Gemüsegerichte und zusammen mit anderen Wildkräutern wie Gänseblümchen und Gundermann in Suppen. Wegen ihres hohen Anteils an Schleimstoffen eignen sie sich auch zum Eindicken von Soßen.

Kriechender Günsel

Ajuga reptans

> Aufguss aus den blühenden Trieben zum Gurgeln bei Halsentzündungen verwenden

Merkmale Bodennahe, 10–30 cm hohe Pflanze; Stängel aufrecht, vierkantig, meist auf zwei gegenüberliegenden Seiten stärker behaart; grundständige Blattrosette und gegenständige Stängelblätter; blaue Blüten in Gruppen zu zwei bis sechs in den Achseln der Blätter und ährenähnlich gehäuft am Stängelende, sie sind durch eine stark reduzierte oder fehlende Oberlippe und eine sehr groß ausgebildete Unterlippe gekennzeichnet; Blütezeit April bis Juli.

Fundort Feuchte Wiesen, Wälder, Weg- und Gebüschränder; sehr häufig.

Ernte und Verwendung Von März bis Mai werden Blätter und junge Sprosse gesammelt. Sie schmecken chicoréeartig bitter und sollten nur fein dosiert als würzende Zutat verwendet werden. In dieser Form passen sie zu Kräuterkartoffeln und Gemüsesuppen, in Gemüsefüllungen und Bratlinge, zu Kräuterbutter und Kräuterkäse, auch zu Eierspeisen wie Omelett, Rührei und Quiche. Die im Gegensatz zu den Blättern nur zartbitter schmeckenden Blüten sind gut als essbare Dekoration nutzbar.

Große Brennnessel

Urtica dioica

> Samen können getrocknet und geröstet als Gewürz für Suppen und Gemüse verwendet werden

Merkmale 30–250 cm hoch; dicht mit Brennhaaren besetzt; Stängel aufrecht, kantig, unverzweigt; Blätter gegenständig, oval, lang zugespitzt, am Rand grob gezähnt; Blüten grünlich, klein, sitzen in langen, dünnen Rispen in den Blattachseln; männliche und weibliche Blüten auf verschiedenen Pflanzen, männliche aufrecht, weibliche hängend; Blütezeit Juni bis Oktober.

Fundort Wälder, Gebüsche, Wegränder, Ödland; liebt beschattete Plätze und nährstoffreichen Boden.

Ernte und Verwendung Die Brennnessel wurde schon vor Urzeiten als Heil- und Gemüsepflanze genutzt. Und auch heute ist sie immer noch für viele weit mehr als nur lästiges Unkraut. Ihre Blätter enthalten Provitamin A, die Vitamine A, C und E, außerdem Eisen, Mineralsalze und Gerbstoffe. Ihre blutreinigende und entgiftende Wirkung macht man sich seit alters her bei Frühjahrskuren zunutze.

Die beste Sammelzeit ist der Frühling. Wird im weiteren Verlauf des Jahres gesammelt, nimmt man nur die vier bis sechs oberen Blätter und die Triebspitze. Ältere Blätter können beim Kochen einen unangenehmen Fischgeruch entwickeln. Am bekanntesten ist die Verarbeitung zu Spinat, zu Brennnesselsuppe und zu grünen Soßen. Aber auch in Reisgerichte, in Knödel-, Gnocchi- und Nudelteig, in Aufläufe und Strudelfüllungen, Gemüsesäfte und Quarkmischungen passen sie. Fein gehackt und mit weicher Butter verrührt, ergeben sie einen aromatischen Brotaufstrich. Die Brennhaare verlieren ihre schmerzhafte Wirkung auf jeden Fall beim Blanchieren, aber auch schon beim Waschen unter fließendem Wasser. Deshalb passen Brennnesselblätter auch roh in Salate. Getrocknet und aromadicht aufbewahrt, sind sie auch im Winter ein wichtiger Mineralstofflieferant. Abgekocht und anschließend eingesalzen hat man sie früher als Labersatz bei der Käseherstellung genutzt. Brennnesselsamen erinnern ein wenig an Sesam und können wie dieser verwendet werden: grüne Samen auf Butterbrot, reife Samen als Gewürz.

Neben der Großen Brennnessel wächst häufig die ebenfalls essbare Kleine Brennnessel (*Urtica urens*, unten). Ihre eiförmigen Blätter enden stumpf, nicht in einer lang gezogenen Spitze.

Hopfen

Humulus lupulus

> Hopfenblätter ähneln den Blättern der Weinrebe
> Hopfentriebe schmecken spinatartig

Merkmale Kletterpflanze, deren Stängel sich im Uhrzeigersinn um Bäume und Sträucher windet; Stängel vierkantig, rau behaart, wird bis zu 6 m lang; Blätter gegenständig, handförmig geteilt, rau behaart, am Rand gezähnt; männliche und weibliche Blüten auf verschiedenen Pflanzen, die männlichen Blüten stehen in lockeren Rispen in den Achseln der Blätter, die weiblichen in einer dicht beblätterten 2–3 cm langen Ähre; Blütezeit Juli bis August; Fruchtstände kleine grüngelbe Zapfen.
Fundort Auwälder, feuchte Gebüsche, Flussufer.
Ernte und Verwendung Die Frühjahrstriebe des Hopfens (rechts) erinnern im Aussehen an Spargel (Hopfenspargel) und werden auch ähnlich zubereitet. In Salzwasser gekocht, mit Bierteig ausgebacken oder kurz in Butter bissfest gedünstet schmecken sie gleichermaßen gut. Die großen Hopfenzapfen werden in den Monaten September und Oktober geerntet. Sie würzen nicht nur Bier, sondern auch Likör, und sie ergeben einen heilkräftigen Tee gegen Schlaflosigkeit. Die Wurzel des Hopfens, ab September ausgegraben, ergibt gebacken, gebraten oder gekocht mild-würzige Gemüsegerichte.

Frauenmantel

Alchemilla vulgaris

> Geschmack ähnlich Kohlrabi
> ist leicht im Garten zu kultivieren
> Blätter wie Fächer gefaltet

Merkmale Mehrjährige Pflanze; 25–50 cm hoch; Grundblätter im Umriss rundlich, handförmig gelappt, am Rand gezähnt, entlang der Hauptrippen gefaltet; Blüten gelbgrün, stehen dicht und knäuelartig am Ende der Stängel; bestehen aus je vier äußeren und inneren Kelchblättern, Kronblätter fehlen; Blütezeit Mai bis September.
Fundort Feuchte Wiesen, Weiden, Waldlichtungen, Wald- und Wegränder, Bachufer.
Ernte und Verwendung Die frischen, noch vor der Blütezeit gesammelten Blätter werden roh, gekocht und getrocknet in der Küche eingesetzt. Roh genießt man sie in Salaten, gekocht in Mischgemüsen, Eintopfgerichten und Gemüseaufläufen. Im Schatten getrocknet und in aromadichten Gläsern aufbewahrt, stehen sie den ganzen Winter als Vitaminspender zur Verfügung. Volksmedizinisch ist der Frauenmantel hoch geschätzt. Als Tee getrunken wirkt die Pflanze Wechseljahresbeschwerden entgegen. Auch Kopfschmerzen und Schlaflosigkeit können damit gemildert werden.

Schwarz-Kiefer

Pinus nigra

> alle Kieferntteile sollten bei Sonnenschein gesammelt werden, da sie dann aromatischer sind

Merkmale Immergrüner Nadelbaum mit ausladender Krone; 30–40 m hoch; Stammborke schwarzbraun, grob gefurcht; Nadeln auffallend dunkelgrün, paarweise, 8–15 cm lang; männliche Blüten gelb, walzenförmig (links), weibliche Blüten rot; Blütezeit Mai bis Juni; Zapfen kurz gestielt, hellbraun; Samenreife September bis November.
Fundort Heimat Südeuropa; in Mitteleuropa eingebürgerter Einwanderer auf sonnigen, trockenen Standorten; häufig als Windschutz und zur Festlegung von Sanddünen angepflanzt.
Ernte und Verwendung Sprosse, Blüten und Nadeln der Schwarz-Kiefer werden traditionell im Frühling gesammelt. Die jungen, weichen Sprosse eignen sich zur Herstellung von Brotaufstrichen und zum Aromatisieren von Spirituosen. Ein Sirup aus den männlichen Blütenknospen ergibt mit Sekt eine vorzügliche Kiefernblütenbowle. Von Mai bis Juli gesammelte Nadeln eignen sich getrocknet und gemahlen als Gewürz für Fleisch. Vor allem dunklem Fleisch geben sie eine wunderbare Note. Ähnlich verwendbar sind alle anderen mitteleuropäischen Kiefernarten.

Fichte

Picea abies

> nicht mit giftiger Eibe verwechseln
> Fichtennadelsirup ist ein gutes Hustenmittel

Merkmale Immergrüner Nadelbaum mit kegelförmigem Wuchs; 25–50 m hoch; Stammborke rotbraun bis grau; Nadeln dunkelgrün, steif, spitz, vierkantig, sitzen auf kleinen, braunen Nadelkissen; Blüten im Wipfelbereich, weibliche Blütenstände gelbgrün bis rot, männliche Blüten gelblich; Blütezeit Mai bis Juni; braune hängende Zapfen. Vorsicht: Verwechslungsgefahr mit der giftigen Eibe, deren Nadeln jedoch weich und biegsam sind.
Fundort Natürliche Standorte sind Wälder in Mittelgebirgs- und Gebirgslagen; oft in niedrigen Lagen aufgeforstet.
Ernte und Verwendung Die jungen, hellgrünen Frühlingstriebe (links) schmecken zart und angenehm säuerlich nach Zitrone. Man erntet sie sinnvollerweise in den Monaten April und Mai, wenn sie noch weich sind. Fein gehackt passen sie als Essigersatz zu Salaten oder als Gewürz zu Fisch. Einen aromatischen Fichtensirup als Grundlage für Getränke und Sorbets erhält man, indem man ein Gefäß abwechselnd mit Schichten junger Triebe und Schichten Zucker füllt, etwa drei Wochen in der Sonne ziehen lässt und dann durch ein Tuch abfiltert.

Waldmeister

Galium odoratum

> häufige Laubwaldpflanze
> unverwechselbares Aroma
> bei Überdosis Kopfschmerzen

Merkmale Gewürzstaude, die beim Welken intensiv duftet; 5–25 cm hoch; Stängel glatt, vierkantig, unverzweigt; Blätter lang, schmal, zugespitzt, am Rand rau, sitzen in Quirlen zu sechs bis acht stockwerkartig übereinander; weiße, trichterförmige Blüten, die einen schirmartig ausgebreiteten Blütenstand an der Stängelspitze bilden; Blütezeit April bis Mai.
Fundort Schattige Buchenwälder; sehr häufig.
Ernte und Verwendung Waldmeister ist weder essbar noch frisch gepflückt zu verwenden. Lässt man jedoch seine vor der Blüte gesammelten Blätter etwa eine Stunde welken, setzen sie den Duftstoff Cumarin frei, der Getränke wie Limonade, Wasser, Apfelsaft oder Milch, Süßspeisen wie Eis, Kuchen oder Pudding und die traditionelle Maibowle unvergleichlich aromatisiert. Getrocknet und aromadicht verschlossen, kann Waldmeister lange aufbewahrt und für einen gesunden Tee genutzt werden. In kleinen Schlucken getrunken stärkt er den Magen, regt die Leberfunktion an und wirkt beruhigend. Lässt man ein paar Waldmeisterblüten für kurze Zeit in Wein ziehen, erhält man einen aromatischen Kräuterwein.

Pfeilkresse

Cardaria draba

> scharf-würzig wie Pfeffer
> kommt nur auf Kalkböden vor
> besonders häufig in Weinbergen

Merkmale Staude; 15–90 cm hoch; Stängel aufrecht, leicht kantig; untere Stängelblätter lang gestreckt, fallen bis zur Blüte ab, mittlere und obere pfeilförmig, beide buchtig gezähnt; Blüten klein, gelbweiß, vierzählig, duftend, bilden einen dichten Blütenstand am Stängelende; Blütezeit Juni bis Juli; Frucht herz- bis eiförmig; braune Samen; Samenreife Juli bis August.
Fundort Wegränder, Weinberge, Ödland trockener, warmer Gegenden; braucht nährstoff- und kalkhaltigen Untergrund; fehlt in den Mittelgebirgen mit kalkarmem Gestein.
Ernte und Verwendung In der Küche werden die jungen Blätter und Triebe sowie die Samen genutzt. Blätter und Triebe sammelt man von April bis Juni – auf jeden Fall noch vor der Blütezeit. Sie passen roh in Salate, aber auch als würzende Beigabe zu spinatähnlichen Gemüsegerichten und zu Brotaufstrichen, in Frischkäsemischungen und Kräuterquarks. Die Samen stehen von Juli bis in den September zur Verfügung. Nach dem Trocknen werden sie als pfefferähnliche Würze genutzt.

Hirtentäschelkraut

Capsella bursa-pastoris

> die Blätter schmecken im Laufe des Jahres zunehmend schärfer: von kresse- bis meerrettichartig

Merkmale Ein- bis zweijährige Pflanze; 5–50 cm hoch; Stängel aufrecht, dünn; gestielte, löwenzahnähnlich tief geschlitzte Grundblätter in einer bodennahen Rosette (unten); wenige ungeteilte Stängelblätter, die den Stängel umfassen; kleine, weiße, vierzählige Blüten in einem lockeren Blütenstand am Stängelende; Blütezeit Februar bis November; dreieckige, herzförmige Früchte, sitzen mit der Herzspitze am Stängel; kleine, gelbe Samen; dünne, oft sehr tief in den Boden reichende Wurzel.
Fundort Weg- und Feldränder, brachliegende Bodenflächen in Ortsnähe, eines der häufigsten Unkräuter.
Ernte und Verwendung Wurzel, Blätter, Blüten und Samen der Pflanze sind essbar und stehen nahezu ganzjährig zur Verfügung. Bekannt ist vor allem die Verarbeitung der kresseähnlich leicht scharf schmeckenden Rosettenblätter. Sie passen in Salate, Quark- und Frischkäsemischungen, Eierspeisen und Aufläufe. Auch einfach über Dampf gegart sind sie eine Delikatesse. Getrocknet ergeben sie einen Tee, den die Volksmedizin vielseitig einsetzt, beispielsweise bei Rheuma und Gicht, Leber- und Gallenbeschwerden. Geerntet werden die Rosettenblätter vor der Blütezeit. Mit der Entwicklung des Blütenstängels welken sie. Manchmal sehen Hirtentäschelblätter weiß bestäubt aus. Diese werden nicht gesammelt, sie sind von einem Pilz befallen, der Magenstörungen verursachen kann. Die in den herzförmigen Früchten enthaltenen Samen werden wie Senfkörner gemahlen und als scharfes Gewürz verwendet. Früher waren sie der Pfeffer armer Leute. Die Wurzel des Hirtentäschels wird ausgegraben, solange sich der Blütenstängel noch nicht entwickelt hat. Dann ist sie zart und kann roh gegessen werden. Fein gehackt würzt sie mit ihrer ingwerähnlichen Schärfe die verschiedenartigsten Gemüsegerichte.

Wald-Sauerklee

Oxalis acetosalla

> das »Kleeblatt« im Wald
> noch weiche Früchte nutzt man als Gewürz beim Einlegen von Oliven

Merkmale 5–15 cm hoch; Blätter lang gestielt, kleeähnlich dreiteilig, Teilblättchen herzförmig, ganzrandig; Blüten einzeln an langen Stielen, Kronblätter weiß, rot geadert; Blütezeit April bis Mai.
Fundort Laub- und Nadelmischwälder.
Ernte und Verwendung Der Spätfrühling und der beginnende Frühsommer sind die beste Sammelzeit für die Blätter des Wald-Sauerklees. Jetzt sind sie am zartesten. Mit ihrem säuerlichen Aroma bereichern sie Salate, Joghurt- und Quarkspeisen, Kartoffelsuppen, Gemüsegerichte und Kräutersoßen. Die Blüten eignen sich als essbare Dekoration für Salate und Suppen.

Weiße Fetthenne

Sedum album

> in Mittel- und Süddeutschland auch Tripmadam genannt
> Geschmack ähnlich grüner Paprika

Merkmale 5–20 cm hoch; Stängel bogenförmig aufsteigend bis aufrecht; Blätter wechselständig, keulenförmig, glänzend dunkelgrün, manchmal rötlich überlaufen, fleischig; Blüten klein, weiß oder hellrötlich, sternartig, fünfzählig, stehen dicht gehäuft am Stängelende; Blütezeit Juni bis Oktober.
Fundort Felsen, Mauern, Kiesdächer.
Ernte und Verwendung Die saftig frischen Blätter und jungen Triebe der Weißen Fetthenne kann man roh essen. Mit ihrem säuerlichen Geschmack sind sie aber auch eine ideale Zutat für Blattsalate, Suppen, Soßen und Gemüsegerichte. Geerntet werden sie vor der Blüte.

Echtes Mädesüß

Filipendula ulmaria

> das Aspirin der Natur
> wächst in dichten Beständen
> riecht intensiv honigartig süß

Merkmale Pflanze mit mandelartigem Duft; 100–150 cm hoch; Stängel kantig, oft rot überlaufen; Blätter wechselständig, bestehen aus zwei bis fünf Paaren seitlicher Teilblättchen und einem Endblättchen, alle am Rand gezähnt; cremeweiße Blütenrispen; Blütezeit Juni bis Juli.
Fundort Nasswiesen, Ufergebüsch, Auwälder.
Ernte und Verwendung Früher verwendete man den süßen Duft der Blüte als Aromastoff für Met und Bier. Heute nimmt man die Blüten zum Aromatisieren von Süßspeisen, Säften und Fruchtweinen. Aber sie sollten nur sparsam eingesetzt werden. Zu hoch dosiert schmecken sie eher unangenehm.

Wiesen-Kerbel

Anthriscus sylvestris

> ähnlich dem giftigen Gefleckten Schierling
> Blätter riechen wie unreife Äpfel

Merkmale 60–150 cm hoch; Stängel kantig, gefurcht, hohl; Blätter wechselständig, zwei- bis dreifach gefiedert; Blütendolde aus kleinen, weißen Einzelblüten an der Stängelspitze; Blütezeit April bis Juli.
Fundort Nährstoffreiche, feuchte Wiesen, Weg- und Straßenränder.
Ernte und Verwendung Wiesen-Kerbel hat essbare Blätter, Blattstängel und Blütenknospen. Man sammelt sie im Mai und Juni. Die Blätter dienen als Würze für Salate, Suppen und Frischkäse. Blattstiele und Blütenknospen isst man roh in Salaten.

Kleine Bibernelle

Pimpinella saxifraga

> hauptsächlich Gewürzpflanze
> schmeckt frisch süßlich-scharf, wird beim Kochen bitter

Merkmale 15–60 cm hoch; Stängel rund, fein gerillt; Blätter wechselständig, aus drei bis fünf Paaren seitlicher Teilblättchen und einem einzelnen Endblättchen; Blütendolde aus gelbweißen oder rosafarbenen Einzelblüten; Blütezeit Juni bis Oktober.
Fundort Wiesen, Weg- und Straßenränder.
Ernte und Verwendung Die Namen »Pimpinella« und »Bibernelle« leiten sich vom lateinischen »Piper« für Pfeffer ab und verweisen auf den aromatisch scharfen Geschmack der Pflanze. Ihre vor der Blüte gepflückten Blätter, ihre Blüten und Samen werden zum Würzen von Salaten, Gemüsen und Kräuterbutter verwendet.

Wiesen-Schafgarbe

Achillea millefolium

> schmeckt herb muskatnussartig
> Blätter riechen zerrieben kampferartig

Merkmale 10–70 cm hoch; Stängel fest, kantig; Blätter wechselständig, mehrfach fein gefiedert; Blüten weiß oder hellrosa, bilden einen flachen Blütenstand an der Stängelspitze; Blütezeit Juni bis Oktober.
Fundort Trockene Wiesen, Wegränder; sehr häufig.
Ernte und Verwendung In der Wildkräuterküche verwendet man die zarten Blättchen des Neuaustriebs traditionell als frisch-bitteres Würzkraut. Sie passen fein gehackt in Salate, Kräuterbutter, Frischkäse, Suppen und zu Fisch. Zusammen mit Meersalz ergeben sie ein erlesenes Kräutersalz. Die Blüten aromatisieren Liköre, Säfte und Zucker.

Kleinblütiges Franzosenkraut

Galinsoga parviflora

> aromatischer Geschmack
> das Behaarte Franzosenkraut kann ebenso verwendet werden

Merkmale 20–60 cm hoch; Stängel aufrecht, rund, verzweigt; Blätter gegenständig, eiförmig, zugespitzt, am Rand gezähnt; Blütenköpfchen aus vier bis fünf weißen Zungenblüten und vielen gelben Röhrenblüten; Blütezeit Juni bis Oktober; Frucht schwarz; Samenreife Juli bis Oktober.
Fundort Äcker, Gärten, Weinberge, Ödland in Ortsnähe; wurde im 18. Jahrhundert aus Peru eingeführt, gilt heute in Mitteleuropa als eingebürgert.
Ernte und Verwendung Aus den jungen Blättern und Sprossen, von Mai bis Juli gepflückt, lassen sich delikate Kräutersuppen, Wildgemüsegerichte und Salate zubereiten. Auch Blütenknospen und Blüten eignen sich als Beigabe in Salaten verschiedenster Art. Ein Saft aus den frischen Blättern ergibt gemischt mit Tomatensaft und anderen Gemüsesäften ein erfrischendes Getränk. Getrocknet und luftdicht aufbewahrt, stehen Blätter und Sprosse auch in der kalten Jahreszeit als Würzmittel für vielerlei Gerichte zur Verfügung. Aus den Samen kann man ein Speiseöl pressen.

Margerite

Leucanthemum vulgare

> Wurzel eignet sich als Gemüse
> Frühjahrstriebe schmecken aromatisch süß

Merkmale 20–90 cm hoch; Stängel aufrecht, hart, kaum verzweigt; Grundblätter mit Blattstiel, spatelförmig, am Rand gezähnt; Stängelblätter ohne Blattstiel, lang und schmal, gezähnt bis gelappt; großes Blütenköpfchen aus weißen Zungenblüten am Rand und gelben Röhrenblüten in der Mitte; Blütezeit Mai bis Oktober.
Fundort Wiesen, Weiden, neu angelegte Wege; sehr häufig; gedeiht auf allen Böden, die nicht zu nass und nährstoffarm sind.
Ernte und Verwendung Anfang März bildet die Margerite zarte, aromatisch schmeckende Sprosse. Diese werden gesammelt, solange sie noch kleine Büschel bilden. Sie ergeben gekocht ein ausgezeichnetes Gemüse, schmecken frittiert, aber auch roh in Salaten und Eierspeisen sehr gut. Ältere Blätter sind hart und oft auch bitter und werden in der Küche nicht verwendet. Die Blütenknospen werden paniert und anschließend in Öl

Acker-Senf

Sinapis arvensis

> Blätter schmecken senfartig scharf
> gedünstete Blütenknospen erinnern an Brokkoli

Merkmale 20–60 cm hoch; Stängel aufrecht, verzweigt; Blätter wechselständig, im unteren Stängelbereich gelappt; Blüten gelb, vierzählig, in einem halbkugeligen Blütenstand am Stängelende; Blütezeit Mai bis Oktober; Frucht eine bis zu 4 cm lange Schote mit schnabelförmigem Fortsatz, schwarze Samen.
Fundort Häufiges Ackerwildkraut.
Ernte und Verwendung In der Wildkräuterküche verwendet man junge Blätter, Blütenknospen und Samen. Die Blätter ergeben ein schmackhaftes Gemüse, die Blütenknospen passen in Salate. Die Samen werden wie andere Senfkörner eingesetzt.

Echte Nelkenwurz

Geum urbanum

> altes Würz- und Heilkraut
> wegen des intensiven Geschmacks sparsam dosieren

Merkmale 25–60 cm hoch; Stängel aufrecht, dünn, wenig seidig behaart; Grundblätter in bodennaher Rosette, lang gestielt, unpaarig gefiedert; Stängelblätter dreiteilig oder einfach; Blüten gelb, fünfzählig; Blütezeit Mai bis Oktober.
Fundort Wälder, Gebüsche, Gärten; nur auf fruchtbaren, feuchten Böden.
Ernte und Verwendung Die jungen zarten Blätter werden in der Wildkräuterküche als schmackhafte Salatzutat verwendet. Ältere und härtere Blätter nutzt man für Kräutersalze. Der Wurzelstock enthält ätherisches Öl ähnlich dem der Gewürznelke und wird wie diese getrocknet als Gewürz genutzt.

Fenchel

Foeniculum vulgare

> anisartiger Geruch
> Blätter verlieren getrocknet Aroma
> gemörserte Samen würzen Honig

Merkmale 1–2 m hoch; Stängel aufrecht, fein gerillt, an der Basis hohl; Grundblätter zwiebelartig; Stängelblätter wechselständig, mehrfach gefiedert, mit fadenförmig dünnen Teilblättchen; gelbe Blütenstände, bis 15 cm breit; Blütezeit Juli bis Oktober; Samen halbmondförmig.
Fundort Stammt aus Südeuropa, aus Kultur verwildert auf ortsnahem Ödland anzutreffen.
Ernte und Verwendung Die frischen Blätter würzen Salate, Suppen und Soßen. Die Blüten nimmt man als Aroma zu Gemüse, Fisch und Speiseöl, die Früchte zum Würzen von Sauerkraut, Brot und Gebäck, auch zum Aromatisieren von Kräuterlikör.

Portulak

Portulaca oleracea

> schmeckt schwach salzig
> auch gefroren und eingelegt nutzbar
> verliert getrocknet an Würzkraft

Merkmale 10–30 cm hoch; Stängel liegend bis aufsteigend, glänzend, oft rot überlaufen; Blätter oval bis spatelförmig, auffallend fleischig; Blüten klein, gelb, sitzen zu zwei bis drei in den Stängelverzweigungen; Blütezeit Juni bis September.
Fundort Aus Kultur verwildert in Unkrautgesellschaften von Gärten und Weinbergen.
Ernte und Verwendung Die würzigen Blätter und Triebspitzen, vor der Blüte gesammelt, nutzt man roh in Salaten und Kräuterquarks und gedünstet in Gemüsen, Suppen und Soßen. Blütenknospen dienen als Kapernersatz, die Samen gemahlen als Mehlzusatz.

Kohl-Gänsedistel

Sonchus oleraceus

> Blütenboden wohlschmeckend und roh essbar
> junge Stängel Zusatz zu Spargel

Merkmale Pflanze mit weißem Milchsaft; 30–90 cm hoch; Stängel aufrecht, kantig, hohl; Blätter wechselständig, mit rötlich gefärbtem Mittelnerv und spitzem, aber nicht stechend stachelig gezähntem Rand; gelbe Blütenköpfchen; Blütezeit Juni bis Oktober.
Fundort Häufiges Wildkraut auf Brachland aller Art, in Feldern und Gärten.
Ernte und Verwendung Eine nahrhafte Gemüsepflanze, deren junge Blätter und Triebe angenehm zart und süß schmecken und sich bestens als Salatzutat eignen. Ältere Blätter dünstet man und verarbeitet sie in Suppen, Aufläufen und Gemüsegerichten.

Rainkohl

Lapsana communis

> junge Blätter erinnern geschmacklich an Chicorée
> ältere Blätter ungenießbar bitter

Merkmale Pflanze mit Milchsaft; 20–120 cm hoch; Stängel aufrecht, im oberen Bereich verzweigt; Blätter wechselständig, dreieckig bis oval, im unteren Stängelbereich mit großem, gezähntem Endlappen und ein bis zwei kleineren Seitenlappen; Blütenköpfchen gelb; Blütezeit Mai bis September.
Fundort Äcker, Gärten, Waldlichtungen, ortsnahes Brachland.
Ernte und Verwendung Von April bis Juni verwendet man die zarten Blätter roh in Salaten, als Grundlage für Gemüse und in Streifen geschnitten in Kräutersuppen und Eierspeisen. Die Blüten sind – aufgeblüht oder als Knospen – eine essbare Dekoration.

Wiesen-Bocksbart

Tragopogon pratensis

> mild kohlartiger Grundgeschmack
> Wurzel/Blätter enthalten viel Zucker
> Samen ungenießbar

Merkmale Pflanze mit weißem Milchsaft; 30–70 cm hoch; Stängel aufrecht; Blätter wechselständig, grasähnlich schmal, blaugrün, zahlreich; eine gelbe Blüte pro Stängel, goldgelb, sternförmig ausgebreitet; Blütezeit Mai bis Juli; braune, fleischige Pfahlwurzel.
Fundort Feuchte, nährstoffreiche Wiesen, Wegränder.
Ernte und Verwendung Die Wurzel des früher auch als »Falsche Schwarzwurzel« bekannten Wiesen-Bocksbarts wird am besten im Herbst des 1. oder im Frühling des 2. Lebensjahres der Pflanze ausgegraben. Zu diesem Zeitpunkt ist sie zart und von angenehm süßlichem Geschmack. Später wird sie holzig. Sie kann roh und fein gehackt unter Salate gemischt werden, schmeckt aber auch gekocht in Gemüsen und Aufläufen. Die jungen Sprosse genießt man spargelähnlich zubereitet. Die jungen Blätter werden roh als Salat verzehrt oder als mildernde Beigabe in einer herben Wildgemüsemischung genutzt. Die Blütenknospen (rechts), die nicht mit den ähnlich aussehenden, aber ungenießbaren Fruchtständen verwechselt werden dürfen, schmecken roh und gedünstet hervorragend.

Kleines Habichtskraut

Hieracium pilosella

> schmeckt etwas herb
> Blüten milder als Blätter
> enthält Gerb- und Bitterstoffe

Merkmale Pflanze mit Milchsaft; 5–30 cm hoch; Stängel behaart, blattlos; Blätter in einer bodennahen Rosette, behaart; pro Stängel eine gelbe Blüte am Stängelende, besteht nur aus Zungenblüten; Blütezeit Mai bis Oktober.
Fundort Bevorzugt trockene, sonnige, kalkarme Plätze; ist vor allem in Heiden, an Feldrainen und in lichten Wäldern anzutreffen; häufig.
Ernte und Verwendung Die Wildkräuterküche nutzt Blätter, Blütenknospen und Blüten der Pflanze. Die herb salatartig schmeckenden Blätter passen fein geschnitten als Beigabe zu Salaten, Blattgemüsen, Kräuterquarkmischungen und Kräuterbroten. Ihr Saft schmeckt gemischt mit süßeren Gemüsesäften. Bei diesen Verwendungsarten empfindet man die feine Behaarung der Blätter kaum als störend. Die Blüten streut man als essbare Dekoration über Salate, Suppen, Gemüsegerichte und Brotaufstriche. Auch die Blütenknospen, die ab April anzutreffen sind, können roh oder gekocht in Salaten und Gemüsegerichten gegessen werden.

Großer Sauerampfer

Rumex acetosa

> sauer im Geschmack
> hoher Vitamin-C-Gehalt
> Knospen passen gut zu Tomaten

Merkmale 30–100 cm hohe Pflanze; Stängel gefurcht, im unteren Bereich oft rot überlaufen; Blätter wechselständig, lang und schmal; winzige rote Blüten in einem rispenartigen Blütenstand am Stängelende; Blütezeit Mai bis August.
Fundort Feuchte, nährstoffreiche Wiesen.
Ernte und Verwendung Junge Blätter nimmt man als Würze in Salaten, man verarbeitet sie in Suppen, Soßen, Aufläufen und Pürees, fein geschnitten in Quark oder auf Butterbrot. Eine angenehm säuerliche Limonade erhält man, wenn man sie mit etwas Zucker oder Honig in Wasser ziehen lässt.

Schmalblättriges Weidenröschen

Epilobium angustifolium

> ganze Pflanze verwendbar
> Blätter schmecken säuerlich, Wurzeln und junge Triebe süßlich

Merkmale 50–150 cm hoch; Stängel meist unverzweigt; Blätter wechselständig, lang und schmal wie Weidenblätter; rote, vierzählige Blüten in langen Trauben an der Stängelspitze; Blütezeit Juni bis August.
Fundort Laub- und Nadelwälder, Waldlichtungen.
Ernte und Verwendung Von April bis Juli nimmt man Blätter und Triebspitzen fein gewiegt als Salatzutat. Getrocknet und zerrieben sind sie Grundlage für einen ausgezeichneten Haustee. Die im Frühling ausgegrabene Wurzel passt roh in Salate, kann aber auch zu Kochgemüse, getrocknet zu Mehl und sogar geröstet zu Kaffee vermahlen werden.

Kleiner Wiesenknopf

Sanguisorba minor

> klassische Würzpflanze
> am besten nur roh verarbeiten
> verliert gekocht ihr Aroma

Merkmale 20–70 cm hoch; Stängel liegend oder aufrecht, kantig, kaum verzweigt; Grundblätter aus 9 bis 25 ovalen Teilblättchen, alle am Rand grob gezähnt; Blüten in kugeligen Köpfchen am Stängelende, zunächst grün, später rot überlaufen, vierzählig; Blütezeit Mai bis Juni.
Fundort Trockene Wiesen, Wegränder, grasige Böschungen.
Ernte und Verwendung Eine klassische Würzpflanze, die man nur frisch verwenden sollte. Gekocht oder getrocknet verliert sie ihr feines Aroma. Blätter und Blütenknospen bereichern Salate, Gemüse, Pürees, Suppen, kalte Soßen und Brotaufstriche.

Arznei-Beinwell

Symphytum officinale

> Blätter schmecken gurkenartig
> Bätter würzen Orangensaft
> alte Heilpflanze

Merkmale 30–90 cm hoch; Stängel kräftig, kantig; Blätter wechselständig, bis zu 25 cm lang, schmal, am Rand gewellt; Blüten meist rotviolett, aber auch bläulich oder weiß, glockenförmig, hängend; Blütezeit Mai bis September.
Fundort Sumpfwiesen, Seeufer, Auwälder, schattige Hecken.
Ernte und Verwendung Ganz junge Beinwellblätter sind bestens als Salatzutat geeignet. Voll entfaltete Blätter verwendet man wegen ihrer rauen Behaarung besser nur gedünstet. Besonders gut schmecken sie, wenn man sie in Bierteig taucht und ausbäckt. Blüten und Blütenknospen isst man roh in Salaten.

Acker-Vogelknöterich

Polygonum aviculare

> salatartig milder Geschmack
> alte Heilpflanze
> Blätter Zutat in Bronchialtees

Merkmale 10–50 cm lang; nur junge Stängel aufsteigend, ausgewachsene liegend, gerillt, reich verzweigt; Blätter wechselständig, schmal oval; Blüten in den Achseln der Blätter, rosafarben, auch grünlich oder weiß; Blütezeit Juni bis Oktober.
Fundort Wege, Weg- und Feldränder, Gärten, Brachland.
Ernte und Verwendung Bitter-aromatisches Kraut, dessen Blätter, gesammelt von Mai bis Juni, fein geschnitten als milde Zutat zu kräftigen Salaten, gedünsteten Gemüsen, Kräutersuppen, Kräuterpürees und in Pfannkuchenteige passen. Die Samen werden als Gewürz, aber auch gemahlen und mit Getreidemehl gemischt zum Backen verwendet.

Wiesen-Knöterich

Bistorta officinalis

> Blätter, Wurzel und Samen nutzbar
> Wurzel vor Gebrauch wässern
> Samen schmecken nussig

Merkmale Ausdauernde Pflanze; 30–120 cm hoch; Stängel unverzweigt; Blätter wechselständig, länglich eiförmig, mit dicker weißer Mittelrippe; dichter, walzenförmiger, rosafarbener Blütenstand, etwa 1 cm dick und 5 cm lang; Blütezeit Mai bis August.
Fundort Feuchte Wiesen, Bachufer, Auwälder.
Ernte und Verwendung Im Frühling und Frühsommer gesammelte junge Blätter und Triebspitzen ergeben ein Wildgemüse von herbsüßlichem, spinatartigem Geschmack. Auch in gemischten Blattsalaten, Aufläufen und Soufflés oder fein gehackt auf Kartoffeln, Nudeln und Reis sind sie köstlich.

Große Klette

Arctium lappa

> große Blätter sind für die Verwendung in der Küche zu bitter
> Klettenwurzelöl pflegt Haare

Merkmale 50–150 cm hoch; Stängel kräftig, kantig, gefurcht, mit Mark gefüllt, oft rot überlaufen; Blätter auffallend groß, herzförmig, oben grün, unten weißgrau, lang gestielt, Blattstiel markig; kugelförmige, dunkelrote Blütenköpfchen, Einzelblüten von hakenförmig gekrümmten Hüllblättern umgeben; Blütezeit Juli bis September.
Fundort Weg- und Straßenränder, Brachland.
Ernte und Verwendung Die fleischige Wurzel wird im Herbst des 1. Lebensjahres oder im nächsten Frühling ausgegraben. Gedünstet ist sie ein sehr sättigendes Gemüse, ist aber auch roh essbar.

Wilder Schnittlauch

Allium schoenoprasum

> wilder Schnittlauch der Bergbauern
> verliert durch Kochen und Trocknen seinen Geschmack

Merkmale 10–50 cm hoch; Stängel glatt, rund; Blätter röhrenförmig; kugeliger Blütenstand am Stängelende, Einzelblüten rot bis blauviolett; Blütezeit Mai bis September.
Fundort Verwildert an Flussufern, in feuchten Wiesen; wild an steinigen Hängen der Mittelgebirge und Alpen.
Ernte und Verwendung Schnittlauch wird seit dem Mittelalter als Gewürzpflanze genutzt. Die Blätter schmecken in Salaten, Suppen, Soßen, Quark- und Frischkäsemischungen, Kräuterbutter sowie in Kartoffel- und Eierspeisen. Die essbaren Blüten sind eine Dekoration für Salate, die Blütenknospen passen zu Kräuterkartoffeln.

Wald-Ziest

Stachys sylvatica

> steinpilzähnliches Aroma
> Blätter erinnern an Brennnesselblätter, brennen aber nicht

Merkmale 30–100 cm hoch; Stängel aufrecht, vierkantig, behaart; Blätter gegenständig, breit herzförmig, behaart, Blattrand gesägt; Blüten weinrot, mit weißer Zeichnung, sitzen in den Blattachseln; Blütezeit Juni bis September.
Fundort Auwälder, feuchte Laubmischwälder, feuchte Waldwege.
Ernte und Verwendung Von September bis Winterbeginn kann man die Wurzeln ausgraben und zu einem aromatischen Gemüse – ähnlich wie Schwarzwurzeln – verarbeiten. Die im Frühling und im Frühsommer gesammelten Blätter der Pflanze geben Salaten, Suppen und Kräuterpürees eine besondere Note.

Wegwarte

Cichorium intybus

> reich an Bitterstoffen
> junge Blätter köstlich auf Butterbrot
> Kulturformen liefern den Chicorée

Merkmale Pflanze mit weißem Milchsaft; 20–150 cm hoch; Stängel steif, kantig, verästelt; Grundblätter in bodennaher Rosette (rechts), tief in dreieckige Lappen geteilt, erinnern an Löwenzahnblätter; Stängelblätter ungeteilt, länglich schmal; hellblaue Blüten, 3–4 cm breit, stehen in den Achseln der oberen Blätter; Blütezeit Juli bis September.
Fundort Straßen-, Weg- und Feldränder, Schuttplätze; auf stickstoffreichen Böden häufig.
Ernte und Verwendung Blätter, Blüten und Wurzel der Wegwarte sind essbar und gelten seit der Antike als vitamin- und mineralstoffreiches Gemüse. Die Blätter werden vor der Blüte gesammelt. Mit ihrem etwas bitteren Geschmack passen sie in kleinen Mengen in Salate und mildere Gemüsemischungen. Die Blüten ohne die grünen Kelchblätter sind eine ungewöhnliche Zutat für Salate aller Art. Die lange, spindelförmige Wurzel wird vor der Verarbeitung als Koch-, Back- oder Pfannengemüse einige Stunden gewässert, um ihren hohen Bitterstoffgehalt zu reduzieren. Früher nutzte man sie getrocknet, geröstet und gemahlen als eine Art Kaffee-Ersatz.

Natternkopf

Echium vulgare

> Aroma wie ungeschälte Gurken
> wegen der Behaarung Blätter sehr fein hacken

Merkmale 30–80 cm hoch; Stängel aufrecht, oft dunkelviolett punktiert, dicht behaart; Blätter ebenfalls behaart, wechselständig, bis zu 30 cm lang und schmal; Blüten sitzen büschelig in den Blattachseln, anfangs rosa, später blauviolett, Staubblätter ragen weit aus der Blüte heraus; Blütezeit Juni bis August.
Fundort Wegränder, Bahndämme, Brachland; weit verbreitet an sonnigen, trockenen Standorten.
Ernte und Verwendung Die im beginnenden Frühling noch zarten Blätter des Natternkopfes können als Salatbeigabe verwendet werden. Ältere, von April bis Juni gesammelte Blätter eignen sich für die Zubereitung von Gemüsegerichten, Suppen und Soßen. Auch in Bierteig getaucht und anschließend frittiert schmecken sie. Während der Blütezeit und danach sind die Blätter in der Küche nicht mehr zu verwenden. Die dekorativen Blüten nimmt man frisch oder kandiert als essbare Dekoration, beispielsweise für Salate. Getrocknet sind die Blüten Bestandteil von Teemischungen.

Gundermann

Glechoma hederacea

> Blätter frisch verwenden
> früher Gewürz für Schweinebraten
> nach der Blüte scharf und bitter

Merkmale Würzig duftende Pflanze; 5–20 cm hoch; Stängel vierkantig, liegt dem Boden an, richtet sich nur im blütentragenden Teil auf; Blätter gegenständig, gestielt, nierenförmig, am Rand gekerbt; Blüten hellblau bis violett, in den Achseln der Blätter; Blütezeit April bis Juni.

Fundort Weg-, Wald- und Heckenränder, Gewässerufer; bevorzugt feuchte, schattige Standorte.

Ernte und Verwendung Gundermann ist ein bekanntes, herb aromatisch duftendes Küchenkraut, dessen Blätter man am besten vor der Blüte, jedoch maximal bis Juni sammeln sollte. Werden sie zu einem späteren Zeitpunkt geerntet, haben sie meist einen deutlich scharfen Nachgeschmack. Gundermannblätter würzen fein geschnitten und sparsam dosiert Fleisch, Kartoffelgerichte, Salate, Suppen, Eierspeisen, Kräuterkäse und Kräuterbutter. Gundermannmilch, zubereitet aus einer Tasse Milch, etwas Honig und zwei Gundermannblättern, hilft bei Erkältungen. Mit den zartsüß schmeckenden Blüten können Maibowlen, Gemüse und Speiseöle aromatisiert werden.

Wiesen-Salbei

Salvia pratensis

> frisch und getrocknet verwenden
> schmeckt fruchtig bis zartsüß
> war früher Wein- und Bierwürze

Merkmale Aromatisch duftende Wiesenblume; 30–60 cm hoch; Stängel vierkantig, behaart; bodennahe Grundblattrosette, Stängelblätter gegenständig, kleiner als die Grundblätter, alle gestielt, eiförmig, zugespitzt, runzelig, am Rand grob gekerbt; blauviolette Lippenblüten, die in Gruppen zu vier bis acht in Stockwerken übereinander stehen; Blütezeit Juni bis August.

Fundort Trockene Wiesen, Weg- und Gebüschränder, Böschungen.

Ernte und Verwendung Diese sonnenliebende Pflanze ist reich an ätherischen Ölen und wird in der Wildkräuterküche als Würzpflanze verwendet. Sparsam dosiert machen ihre Blätter und Blüten jedes Gericht zu einem Erlebnis. Der intensive, herb aromatische Geschmack der Blätter würzt Fleisch und Fisch, Wild, Geflügel, Suppen, Soßen und Käse. Salbeiblüten ergeben einen wunderbaren Sirup, sie aromatisieren Öle, Essige, Buttermischungen und viele Süßspeisen. Die beste Sammelzeit für die Blätter sind die Monate Mai und Juni, für die Blüten die gesamte Blütezeit.

Zurückgekrümmter Fuchsschwanz

Amaranthus retroflexus

> bei uns nur in wärmeren Gebieten
> mild im Geschmack
> Samen Bestandteil von Müsli

Merkmale 20–120 cm hoch; Stängel gefurcht, flaumig behaart; Blätter hellgrün, oval bis rautenförmig, lang gestielt, oft am Rand gewellt; fuchsschwanzähnlicher Blütenstand (rechts), Einzelblüten klein, hellgrün; Blütezeit Juni bis September; kleine, schwarze Samen, reif ab September.
Fundort Felder, Müllplätze, Kompostlager.
Ernte und Verwendung Junge Blätter und Stängel schmecken als Salat oder gedünstet. Auch die Blütenstände eignen sich als Gemüse. Getrocknete, gemahlene Samen verarbeitet man zu Pfannkuchen.

Guter Heinrich

Chenopodium bonus-henricus

> im Frühsommer ganze Pflanze, später nur obere Blätter verwenden
> schmeckt wie Spinat

Merkmale 10–50 cm hoch; Stängel hohl, gerillt, kaum verzweigt; Blätter sehen aus wie mit Mehl bestäubt, wechselständig, dreieckig bis pfeilförmig, lang gestielt, ganzrandig, unten hellgrau; ährenförmiger Blütenstand am Stängelende, kleine, grüne Einzelblüten; Blütezeit Mai bis August.
Fundort Weg- und Straßenränder, Schutthalden.
Ernte und Verwendung Früher wurde der Gute Heinrich als Spinatpflanze angebaut. Seine Blätter können über die gesamte Lebensdauer der Pflanze geerntet werden. Jung ergeben sie einen leckeren Salat, ältere schmecken gekocht in Gemüseaufläufen und Gemüsesuppen.

Queller

Salicornia europaea

> Salzpflanze
> riecht und schmeckt »nach Meer«
> Samen als Würze von Mehl nutzbar

Merkmale 5–30 cm hoch; Stängel grüngelb, im Herbst oft rötlich überlaufen, knotig gegliedert, fleischig, reich verzweigt; kleine, dicht dem Stängel anliegende Blattschuppen, keine Blätter im eigentlichen Sinn; an den keulig verdickten Stängelspitzen kleine Blüten in den Achseln der Blattschuppen; Blütezeit August bis Oktober.
Fundort Nord- und Ostseeküste, auf Schlick- und Sandböden.
Ernte und Verwendung Von April bis August wird die ganze oberirdische Pflanze verwendet. Man nimmt sie als frische Suppeneinlage, als Salatbeigabe oder genießt sie als spargelähnlich zubereitetes Gemüse.

Weißer Gänsefuß

Chenopodium album

> gemahlene Samen nimmt man gemischt mit Weizenmehl zum Backen von Pfannkuchen

Merkmale Sieht aus wie mit Mehl bestäubt (rechts); 10–200 cm hoch; Stängel gefurcht, manchmal rot überlaufen; Blätter wechselständig, oval, lang gestielt (links), oben dunkelgrün, unten hell; kleine, grüne Blüten in ährenartigem Blütenstand am Stängelende; Blütezeit Juli bis September; schwarze Samenkörner; Samenreife Juli bis Oktober.
Fundort Wegränder, Felder, Gärten.
Ernte und Verwendung Die Pflanze enthält die Vitamine A, B und C sowie Eisen, Phosphor und Calcium. Die vor der Blüte gesammelten Blätter isst man als Salat, ältere verarbeitet man in Gemüsegerichten, Suppen und Aufläufen.

Spreizende Melde

Atriplex patula

> Blüten roh in Salaten
> reich an Vitamin C
> ähnelt dem Weißen Gänsefuß

Merkmale 30–150 cm hoch; Stängel gerillt, verzweigt; Blätter wechselständig, länglich, zugespitzt, am Rand glatt bis wenig buchtig gezähnt; grünliche Blüten in Knäueln in den Blattachseln und gehäuft am Stängelende; Blütezeit Juli bis Oktober.
Fundort Wegränder, Brachland, Felder.
Ernte und Verwendung Die zarten, angenehm schmeckenden Blätter können roh in Salaten, aber auch gekocht als spinatartiges Gemüse, in Suppen und Aufläufen gegessen werden. In Mischgemüsen mit kräftigeren Gemüsearten mildern sie deren bitteren oder sauren Grundgeschmack ab. Gesammelt werden sie von Mai bis Juli.

Spitz-Wegerich

Plantago lanceolata

> heißt auch Rippenkraut
> andere mitteleuropäische Wegericharten sind ähnlich nutzbar

Merkmale 10–40 cm hoch; Blütenstängel blattlos; Blätter in einer grundständigen Rosette, 10–20 cm lang und schmal, mit längs verlaufenden Adern; braun-weiße Blüten in eiförmiger Ähre an der Stängelspitze (rechts); Blütezeit Mai bis Oktober.
Fundort Wegränder, Feldraine, Wiesen und Weiden.
Ernte und Verwendung Spitzwegerichblätter schmecken ein wenig salzig-bitter. Man sollte sie deshalb nur sehr sparsam oder nur in Kombination mit milderen Wildkräutern verwenden. Die jungen Blätter werden roh als Beigabe in Salaten verarbeitet. Ältere und härtere Blätter ergeben Suppen und Gemüsegerichte.

Winter-Linde

Tilia cordata

> alle heimischen Linden verwendbar
> Lindenblütentee ist schweißtreibend und hilft bei Grippe

Merkmale Sommergrüner Baum; 15–30 m hoch; Stamm dunkelgrau bis braun, längsrissig; Blätter wechselständig, unsymmetrisch herzförmig, am Rand gezähnt; Blüten gelbweiß, stark duftend, hängen zu fünf bis zwölf an einem flügelartigen Tragblatt (rechts); Blütezeit Juni bis Juli.
Fundort Sommerwarme Laubmischwälder.
Ernte und Verwendung Die Blätter kann man roh für Salate, aber auch gekocht verwenden. Getrocknet und pulverisiert dienen sie als Mehlzusatz. Man sammelt sie, wenn sie sich gerade entfaltet haben. Lindenblüten aromatisieren Getränke und Süßspeisen.

Robinie

Robinia pseudoacacia

> Rinde und Samen giftig
> Blätter und Blüten nicht giftig
> Blüten liefern besten Honig

Merkmale Sommergrüner Baum; 20–25 m hoch; Stamm grau bis dunkelbraun, längsrissig; Zweige dicht mit Dornen besetzt; Blätter wechselständig, zusammengesetzt, Einzelblättchen oval, oben frischgrün, unten graugrün, ganzrandig; duftende weiße Blüten in langen, hängenden, reichblütigen Trauben; Blütezeit Mai bis Juni.
Fundort Waldränder, Brachland, Bahndämme, Böschungen.
Ernte und Verwendung Robinienblüten sind die Grundlage für viele Süßspeisen, so beispielsweise für Speiseeis, Kuchen, Torten oder Sirup. Robinienblätter werden ohne Blattstiele von April bis Juni zu Gemüsegerichten verarbeitet.

Hunds-Rose

Rosa canina

> hoher Vitamin-C-Gehalt
> junge Blätter würzen fein gehackt Eintöpfe mit Apfelaroma

Merkmale Sommergrüner Strauch; 1–3 m hoch; Zweige mit sichelartig gekrümmten Stacheln; Blätter wechselständig, zusammengesetzt, Teilblättchen oval, gezähnt; Blüten zartrosa, duftend, sitzen einzeln an den Zweigenden; Blütezeit Mai bis Juni; rote, eiförmige Früchte (rechts); Fruchtreife August bis Oktober.
Fundort Hecken, Waldränder.
Ernte und Verwendung Aus den Blütenblättern lassen sich viele schmackhafte Süßspeisen bereiten. Ebenso sind sie zum Aromatisieren von Essig, Wein und Tee geeignet. Die Blätter würzen Eintöpfe, die vitaminreichen Hagebutten sind Grundlage für süße Brotaufstriche, Suppen, Soßen, Likör und Wein.

Eingriffliger Weißdorn

Crataegus monogyna

> Tee: zehn Blütenknospen pro Tasse
> Zweigriffliger Weißdorn gleichermaßen nutzbar

Merkmale Sommergrüner, bedornter Strauch oder Baum; 2–6 m hoch; Stamm mit schuppiger Borke; Blätter lang gestielt, tief eingeschnitten; Blüten weiß, fünfzählig; Blütezeit Mai bis Juni; Früchte erbsengroß, dunkelrot; Fruchtreife September bis Oktober.
Fundort Hecken, Waldränder.
Ernte und Verwendung Die jungen, zarten Blätter eignen sich sehr gut als Salatbeigabe. Weißdornfrüchte sind nur wenig süß und ziemlich mehlig. Man sollte sie in Kombination mit anderem Obst zu Marmelade, Mus oder Gelee verarbeiten. Getrocknetes und gemahlenes Fruchtfleisch passt in Kuchen und Brotteig.

Wildapfel

Malus sylvestris

> Blütenblätter: feinstes Apfelaroma
> Früchte nur etwa pflaumengroß
> Urform vieler Kulturapfelsorten

Merkmale Sommergrüner Baum; bis 10 m hoch; Stamm gelbbraun, blättert in großflächigen Längsschuppen ab; Zweige oft bedornt; Blätter oval, unten auf den Adern behaart, gezähnt; Blüten in Gruppen zu drei bis acht, fünfzählig; Blütezeit Mai bis Juni; grüngelbe Früchte (rechts); Fruchtreife September bis Oktober.
Fundort Laubmischwälder, Auwälder, Hecken.
Ernte und Verwendung Wildäpfel schmecken auch vollreif sehr sauer. Wer sie zu Marmelade, Gelee, Apfelmus oder Saft verarbeiten will, sollte sie mit süßeren Früchten kombinieren. Wildapfelblüten aromatisieren Süßspeisen, eignen sich auch als Beigabe in Fruchtsalate.

Vogel-Kirsche

Prunus avium

> Vogel-Kirschen schmecken herb aromatisch bis bitter-süß
> fleischärmer als Kulturkirschen

Merkmale Sommergrüner Baum; 15–20 m hoch; Stamm glänzend rotbraun, mit horizontal verlaufenden Streifen; Blätter länglich oval, unten auf den Adern behaart, gestielt, gezähnt; Blattstiel mit zwei bis vier auffälligen, rot gefärbten Nektardrüsen; Blüten weiß, lang gestielt; Blütezeit April bis Mai; kugelige, rote Steinfrüchte; Fruchtreife Juli.
Fundort Laubmischwälder, Waldränder, Gebüsche.
Ernte und Verwendung Vogel-Kirschen werden wie Kulturkirschen zu Fruchtmarmelade, Kompott oder Fruchtmus verarbeitet. Die Blüten nascht man als kandierte Süßigkeit oder bereitet daraus einen feinen Tee.

Schwarzer Holunder

Sambucus nigra

> wurde wegen vieler gesunder Inhaltsstoffe die »Hausapotheke der Einödbauern« genannt

Merkmale Sommergrüner, reich verzweigter Strauch oder Baum mit überhängenden Zweigen; 2–7 m hoch; Stammborke graubraun, längsrissig, löst sich in Streifen ab; Mark der Zweige weiß; Blätter gegenständig, zusammengesetzt aus fünf bis sieben Teilblättchen, Einzelblättchen schmal, 6–10 cm lang, zugespitzt, am Rand gezähnt; weiße, duftende Blüten in doldenähnlichen Blütenständen an den Zweigenden; Blütezeit Juni; kugelige, bei Reife glänzend schwarze Steinfrüchte in hängenden Fruchtständen (unten), Fruchtstiele zur Reifezeit kräftig rot; Fruchtreife August bis September.

Fundort Laubwälder, Waldränder, Hecken, Gebüsche in Siedlungsnähe; braucht nährstoffreichen Untergrund.

Ernte und Verwendung Sobald der Schwarze Holunder seine duftenden Blütendolden öffnet, kann die Ernte beginnen. Holunderblüten aromatisieren Essig, Getränke wie Wasser, Limonade, Bowle, Sekt und Likör, außerdem Brot, Kuchen und andere Süßspeisen. In Pfannkuchenteig knusprig ausgebacken sind sie als Hollerküchle ein traditioneller Frühsommergenuss. Zwischen Äpfel gelegt, verlängern sie deren Haltbarkeit.

Ein Tee aus den getrockneten Blüten wirkt schweißtreibend und gilt wie Lindenblütentee als bewährtes Hausmittel bei fiebrigen Erkältungen. Die vitaminreichen Früchte des Schwarzen Holunders, in Norddeutschland auch Fliederbeeren genannt, verarbeitet man zu Saft, Wein, Gelee und Marmelade. Man nimmt sie auch zum Färben von Weinen und Fruchtzubereitungen. Vollreif und gekocht sind Holunderbeeren unbedenklich. Unreife und rohe reife Früchte sollten aber nicht gegessen werden. Sie enthalten wie die Blätter und die Blütenstiele Blausäureverbindungen, die sich erst beim Kochen zersetzen.

Neben dem Schwarzen Holunder gibt es in unserer Flora zwei weitere Arten, den Traubenholunder oder Roten Holunder und den Zwergholunder. Der Traubenholunder trägt scharlachrote reife Beeren, die nach Entfernen der Samenkerne verwendbar sind. Der giftige Zwergholunder ähnelt dem Schwarzen Holunder in Blüte, Blatt und Fruchtstand, macht aber mit einem unangenehmen Geruch auf sich aufmerksam.

Wiesen-Labkraut

Galium mollugo

> im Geschmack mild kopfsalatartig
> Blätter und Stängel stehen fast ganzjährig zur Verfügung

Merkmale Mehrjährige Pflanze; 25–100 cm hoch; Stängel vierkantig, liegend bis aufsteigend; Blätter länglich, schmal, zugespitzt, sitzen zu sechs bis neun in Quirlen um den Stängel; weiße, vierzählige Blüten in einem rispenartigen Blütenstand in den Achseln der Blattquirle; Blütezeit Mai bis September.
Fundort Nährstoffreiche Wiesen, Wald- und Wegränder; häufig.
Ernte und Verwendung Blätter und zarte Stängel sind eine ausgezeichnete Grundlage für Salate und Gemüsegerichte. Die Blüten nimmt man zum Aromatisieren von Limonaden und anderen Getränken oder als essbare Dekoration für Salate.

Wilde Engelwurz

Angelica sylvestris

> Wurzel pulverisiert oft in Schnupftabak
> Pflanzensaft verstärkt UV-Empfindlichkeit der Haut

Merkmale 80–200 cm hoch; Stängel rund, hohl, fein gerillt; sehr große Blätter, mehrfach gefiedert, Teilblättchen am Rand gezähnt, Blattscheiden blasig aufgetrieben; weiß bis zartrosa gefärbte Blütendolden; Blütezeit Juli bis September; linsenförmig abgeflachte, gerippte Frucht.
Fundort Feuchte Wiesen, Ufer, Waldlichtungen.
Ernte und Verwendung Junge, noch zarte Blätter und Triebe nutzt man roh als Zutat für verschiedene Salate, gekocht in Gemüsegerichten und Suppen. Ihr Geschmack ist herbsüß bis scharf. Die Blüten würzen Getränke und Desserts, die Samen Brotteige und Fleischgerichte.

Wiesen-Bärenklau

Heracleum sphondylium

> Früchte sehr würzintensiv
> Saft verusacht unter Einfluss von Sonnenlicht Hautrötungen

Merkmale 30–150 cm hoch; Stängel kantig, gefurcht, borstig behaart; Blätter bis zu 50 cm lang, tief gelappt, Blattscheiden blasig aufgetrieben; Blütendolde aus weißen Einzelblüten; Blütezeit Juni bis Oktober; Frucht breit eiförmig, gerippt.
Fundort Nährstoffreiche Wiesen, Weg- und Straßenränder.
Ernte und Verwendung Vielseitig einsetzbare Wildgemüsepflanze, deren Blütenknospen wie Spargel zubereitet delikat schmecken. Die Früchte würzen Getreide- und Kartoffelgerichte. Die von April bis Mai geernteten, zarten Blätter und Blattstängel verleihen fein gehackt Salaten ein besonderes Aroma.

Süßdolde
Myrrhis odorata

> alte Heil- und Gewürzpflanze
> duftet intensiv nach Anis
> unreife Früchte: Lakritz-Geschmack

Merkmale 50–120 cm hoch; Stängel aufrecht, hohl, zart gerillt; Blätter wechselständig, zusammengesetzt, Teilblättchen länglich, grob gezähnt; auffällige Blattscheiden; Blütendolde aus weißen Einzelblüten; Blütezeit Mai bis Juli; Frucht bis zu 25 mm lang, aufrecht, gerippt.
Fundort Waldränder, Hecken.
Ernte und Verwendung Die Blätter nimmt man als anisartige Würze für Gemüsegerichte, Suppen und Soßen. Die Blüten passen zu Obstkuchen und Kompott. Die Samen würzen Fruchtsalate und die Wurzel ergibt ein ungewöhnliches Kochgemüse.

Wiesen-Kümmel
Carum carvi

> typisch: starker Kümmelgeruch der zerriebenen Früchte
> getrocknete Wurzel würzt Suppen

Merkmale Zweijährige Pflanze; 40–90 cm hoch; Stängel aufrecht, von Grund an verzweigt, mit Längsrillen; Blätter wechselständig, fein zerteilt in viele schmale Zipfel; Blüten weiß, oft rötlich angehaucht, in einer Blütendolde aus 8 bis 15 Strahlen; Blütezeit Mai bis Juli; Frucht sichelförmig, gerippt; Samenreife August bis September.
Fundort Wiesen, Weiden.
Ernte und Verwendung Junge, noch zarte Blätter verleihen Salaten und Gemüsen eine würzige Note. Die Blüten verwendet man als essbare Dekoration oder als aromatische Zutat zu Gemüse- und Kartoffelgerichten. Die Samen würzen Brot und Käse.

Echte Kamille
Matricaria recutita

> frisch und getrocknet mit wertvollen Inhaltsstoffen
> Blütenboden kegelförmig, hohl

Merkmale Aromatisch duftende Pflanze; 15–50 cm hoch; Stängel aufrecht, verzweigt, kahl; Blätter wechselständig, tief in viele schmale Abschnitte geteilt; Blütenköpfe aus weißen, Zungen- und gelben Röhrenblüten; Blütezeit Mai bis September.
Fundort Feld-, Weg- und Straßenränder.
Ernte und Verwendung Kamillenblüten sind in der Küche vielseitig einsetzbar. Sie aromatisieren Wein, Kräuterbowlen und Limonade und eignen sich als Zutat für Salate und Süßspeisen. Verarbeitet zu Sirup nimmt man sie zum Süßen von Tee. Besonders aromatisch sind die gelben Röhrenblüten im Inneren der Blüte.

Echter Pastinak

Pastinaca sativa

> Geschmack wie Möhren, aber schärfer
> nicht an befahrenen Straßen ernten

Merkmale Zweijährig; 30–100 cm hoch; Stängel aufrecht, kantig gefurcht, etwas behaart; Blätter wechselständig, zusammengesetzt, Teilblättchen am Rand ungleichmäßig gezähnt; gelbe Blütendolde aus 5 bis 20 Strahlen; Blütezeit Juli bis September; Früchte gelbbraun, linsenförmig abgeflacht.
Fundort Trockene Wiesen, Weg- und Straßenränder, Brachland.
Ernte und Verwendung Die Wildkräuterküche nutzt Blätter, Blüten, Samen und Wurzel des Pastinak. Die Blätter werden von April bis Juli geerntet, die Blüten während der gesamten Blütezeit, die Samen ab August und die Wurzel vom Herbst bis in den Frühling des zweiten Lebensjahres der Pflanze. Die Blätter eignen sich zur Herstellung von Kräuterbutter und als Beigabe in Salaten, Suppen und Gemüsen. Blüten und Blütenknospen nutzt man als aromatische Gemüsebeigabe oder als essbare Dekoration. Pastinakensamen werden als kümmelähnliches Trockengewürz eingesetzt, beispielsweise in Sauerkraut oder Bratkartoffeln. Pastinakenwurzeln ergeben zusammen mit Kartoffeln, Möhren und Erbsen ein herzhaftes Gemüse.

Echter Beifuß

Artemisia vulgaris

> im Geschmack bitter-würzig
> nur sparsam dosiert verwenden
> früher als Bierzusatz in Gebrauch

Merkmale Würzig duftende Staude; 30–150 cm hoch; Stängel steif, kantig, reich verzweigt, meist braunrot überlaufen; Blätter wechselständig, fiederteilig, oben dunkelgrün, unten dicht grauweiß behaart; viele kleine, braungelbe Blütenköpfe an den Stängelspitzen; Blütezeit Juli bis September.
Fundort Weg- und Straßenränder, Brachland; weit verbreitet, sehr häufig.
Ernte und Verwendung Alte Würz- und Heilpflanze, deren Blätter und Blütenknospen man nutzen kann. Die beste Erntezeit ist Anfang August. Geschnitten werden jeweils die obersten Triebspitzen mit den Blütenköpfen. Frisch oder getrocknet würzen sie Enten-, Gänse-, Lamm- und Schweinebraten und unterstützen gleichzeitig die Fettverdauung. In den Frühlingsmonaten April und Mai gesammelte Blättchen bereichern als mild-aromatische, nur wenig bittere Würze Salate, Suppen und Eierspeisen. Beifuß ist zwar ein bewährter Verdauungshelfer, gehört aber auch zu den starken Erregern von Pollenallergien. Im Kräuterkissen fördert Beifuß den Schlaf.

Kohl-Kratzdistel

Cirsium oleraceum

> eine Distel, die nicht kratzt
> vor der Verarbeitung sorgfältig nach Schnecken absuchen

Merkmale Eine der wenigen gelb blühenden Disteln; ausdauernd; 30–150 cm hoch; Stängel aufrecht, hohl, gefurcht, stachellos, unverzweigt; Blätter wechselständig, unregelmäßig bis gar nicht eingeschnitten, am Rand mit weichen Stacheln besetzt; gelbe Blütenköpfchen, sitzen in Gruppen zu zwei bis sechs dicht gedrängt an der Stängelspitze, sind von großen, hellen Hochblättern umgeben; Blütezeit Juni bis September.
Fundort Feuchte Wiesen, Gräben, Bach- und Seeufer; in den Alpen bis in 2000 m Höhe.
Ernte und Verwendung Wildgemüsepflanze mit mildem, kopfsalatähnlichem Geschmack, deren Blätter, Blütenköpfe und Wurzel in der Küche verwendet werden. Die Blätter erntet man von April bis Juni, verarbeitet sie roh in Salaten, Suppen, Gemüsegerichten und Aufläufen. Die Böden der Blütenköpfe lassen sich ähnlich wie die der Artischocken zubereiten. Die Wurzeln junger Pflanzen erntet man von September bis in den Winter. Sie werden roh und fein geschnitten in Salate gemischt oder gekocht als Gemüse gegessen. Getrocknet und gemahlen eignen sie sich als Mehlzusatz.

Echter Steinklee

Melilotus officinalis

> riecht getrocknet nach Waldmeister
> Wurzel getrocknet als Würze verwendbar

Merkmale Zweijährig; 30–100 cm hoch; Stängel kantig, hohl, gerippt; Blätter wechselständig, kleeartig dreiteilig, Teilblättchen oval, am Rand gezähnt; gelbe, nach Honig duftende Blüten in langen, hängenden, ährenartigen Blütenständen; Blütezeit Juni bis August; Frucht eine lange hängende Hülse, enthält fünf bis acht Samen.
Fundort Weg- und Feldränder, Schuttplätze, Kiesgruben, Bahndämme.
Ernte und Verwendung Der angenehme Waldmeisterduft des Echten Steinklees beruht auf Cumarinverbindungen, die beim Trocknen Cumarin freisetzen. Da Cumarin bei zu reichlichem Genuss Kopfschmerzen verursachen kann, sollte man Steinklee nur sparsam verwenden. Steinkleeblüten werden von Juni bis August gesammelt, im Schatten getrocknet und anschließend zum Aromatisieren von Süßspeisen und Getränken verwendet, aber auch zum Würzen von Käse und Quark, sogar von Wild und Fisch. Die fein gewiegten Samenkapseln ergeben mit Frischkäse einen ungewöhnlichen Brotaufstrich.

Wilde Malve

Malva sylvestris

> angenehm mild im Geschmack
> gut verträglich
> Tee aus Blüten gegen Erkältungen

Merkmale 50–150 cm lang; Stängel liegend oder aufsteigend, selten aufrecht, behaart; Blätter wechselständig, meist fünflappig, lang gestielt, gezähnt; Blüten rosaviolett bis purpurrot, mit dunklen Längsstreifen, stehen zu mehreren in den Blattachseln; Blütezeit Mai bis September; Früchte scheibenförmig.
Fundort Heckensäume, Wegränder, Mauern.
Ernte und Verwendung Die Blätter sind roh eine vitaminreiche Salatbeigabe oder gekocht Grundlage von Mischgemüsen. Die Blüten nimmt man zur Dekoration von süßen Desserts oder streut sie einfach über Salate. Sie sind auch Bestandteil vieler Tees.

Eselsdistel

Onopordum acanthium

> Blätter nur frischgrün verwenden, werden schnell hart
> wirkt verdauungsfördernd

Merkmale 50–200 cm hoch; Stängel aufrecht, starr, kurz verzweigt, breit dornig geflügelt; Grundblätter in bodennaher Rosette; Stängelblätter wechselständig, unregelmäßig tief gebuchtet, am Rand mit dornigen dreieckigen Lappen; hellpurpurrote Blütenköpfchen einzeln am Stängelende; Blütezeit Juli bis September.
Fundort Trockenes, locker-steiniges Brachland, Bahndämme.
Ernte und Verwendung Die jungen Blätter werden als Gemüse zubereitet, die jungen Stängel geschält wie Spargel gekocht. Die Böden der Blütenköpfe verarbeitet man zu einem artischockenähnlichen Gemüse. Die Samen liefern ein Speiseöl.

Rot-Klee

Trifolium pratense

> mittags gesammelte Blüten sind reicher an Nektar und schmecken intensiver

Merkmale Ausdauernd; 15–40 cm hoch; Stängel aufrecht, kantig, wenig behaart; Blätter wechselständig, dreiteilig, Teilblättchen eiförmig, oft mit einem hellen V-förmigen Band; duftende, rote, kugelige Blütenköpfe am Stängelende; Blütezeit Juni bis September.
Fundort Wiesen, Weiden.
Ernte und Verwendung Die jungen, vor der Blütezeit geernteten Blätter sind Bestandteil von Suppen, Salaten und Gemüsegerichten. Geschmacklich erinnern sie an Feld-Salat. Die Blüten werden als essbare Dekoration in Salate gestreut, in Brot- und Kuchenteig geknetet oder als Aroma für Liköre und Tees verwendet.

Feld-Thymian

Thymus pulegioides

> intensiv aromatischer Duft
> frisch und getrocknet zu verwenden
> in der Volksmedizin gegen Husten

Merkmale Ausdauernde Pflanze; 5–20 cm lang; Stängel kriecht über den Boden, vierkantig, auf den Kanten behaart; Blätter gegenständig, oval, gestielt, ganzrandig; zartrosafarbene, kleine Blüten in dichten, länglichen Blütenständen am Stängelende; Blütezeit Juni bis September.
Fundort Trockene, sonnige Wiesen, felsige Standorte; braucht sandige, nährstoffarme Böden.
Ernte und Verwendung Stängel, Blätter und Blütenstände des Feld-Thymian stehen von Juni bis in den September zur Verfügung. Aber sie sollten nur an sonnigen Tagen gesammelt werden, denn nur dann entfaltet die Pflanze ihr ganzes Aroma. Frisch oder getrocknet ist Thymian ein vielseitiges Gewürz zu Fleischgerichten, Eintöpfen, Soßen und Pizzen, zu Kräuterbutter und Kräuterkäse, Pilzzubereitungen und Salatmarinaden. Ebenso ist er als Aromamittel für Zucker, Essig und Öl und als Bestandteil im Haustee nutzbar. Feld-Thymian ist auch als Heilpflanze mit antibakterieller und krampflösender Wirkung bekannt. Angewendet wird er wie der Echte Thymian bei Husten und Erkältungskrankheiten, ist aber weniger wirksam.

Dost, Wilder Majoran

Origanum vulgare

> herb-würziger Geruch
> verholzte Stängel als aromaspendende Fleischspieße nutzbar

Merkmale Ausdauernd; 20–50 cm hoch; Stängel aufrecht, rund bis andeutungsweise vierkantig, oft braunrot überlaufen; Blätter gegenständig, kurz gestielt, oval mit kleiner Spitze, ganzrandig; rosafarbene bis purpurrote Blüten in einem halbkugeligen Blütenstand am Stängelende; Blütezeit Juli bis Oktober.
Fundort Heckenränder, sonnige Waldränder sowie trockenes Grasland.
Ernte und Verwendung Dost bekam als Gewürz seine große Bedeutung in Mitteleuropa erst mit dem Einzug der italienischen Küche. Er wird frisch und getrocknet verwendet, gekocht verliert er viel von seinem Aroma. Blätter und Blüten sind vom Spätsommer bis in den Herbst nutzbar. Mit Dost würzt man vor allem mediterrane Gerichte wie Pizzen. Aber er ist weit mehr als ein Pizzagewürz. Auch italienischen Nudel- und Reisgerichten, Tomatensoßen, Fleisch und gebratenem Fisch, ja selbst Kaltschalen und Tee verleiht er einen typischen Geschmack. Früher nahm man ihn zum Aromatisieren von Bier und Spirituosen.

Wasser-Minze

Mentha aquatica

> höchste Wirkstoffkonzentration während der Blüte
> schmeckt milder als Pfefferminze

Merkmale Ausdauernde Pflanze mit unverwechselbarem Minzgeruch; 30–60 cm hoch; Stängel aufrecht, vierkantig, auf den Kanten abstehend behaart; Blätter gegenständig, breit oval, kurz gestielt, am Rand gezähnt; rosa- bis lilafarbene Blüten, mit kleiner Ober- und dreilappiger Unterlippe, stehen in kugeligen Köpfchen in den Achseln der oberen Blätter und gehäuft an der Stängelspitze; Blütezeit Juli bis September.
Fundort Wächst in dichten Beständen an den Ufern stehender oder langsam fließender Gewässer, in Gräben, auf feuchten Wiesen.
Ernte und Verwendung Minzen haben als Heiltee mit beruhigender Wirkung auf Magen und Psyche den größten Bekanntheitsgrad. Darüber hinaus lassen sich ihre Blätter und Blüten in der Küche vielseitig nutzen. Minzblätter kann man von April bis September pflücken, doch während der Blütezeit ist deren Aroma am kräftigsten. Blätter und Blüten der Wasser-Minze werden frisch und getrocknet verwendet. Getrocknet sind sie Bestandteil vieler Teemischungen. Frisch passen sie fein dosiert zu vielerlei Gerichten. So machen sich frische Minzblättchen und -blüten ausgezeichnet in Schokoladeneis. Genauso gut passen sie in kleinen Mengen in sommerliche Salate, zu Quark- und Frischkäsemischungen, Kartoffelgerichten, Fischsuppen und Fleischsoßen. Bekannt und fast schon legendär ist die englische Minzsoße zu Huhn- und Lammbraten. Ungewöhnlich, aber ausgezeichnet schmeckt auch Minz-Senf, zubereitet aus gelben Senfkörnern, Minzblättchen, Essig, Brunnenkressesamen, Honig und ein wenig Salz.
Minzöl ist als Duft- und Aromastoff unter anderem Bestandteil von Arzneien, Zahnpasta und Mundwässern, von Zigaretten, Süßigkeiten wie Kaugummi und Bonbons , von Likören und vielem mehr. Seefahrer früherer Zeiten nutzten seine antibakterielle Wirkung, um ihr Trinkwasser länger frisch zu halten.
Die Blätter der Wasser-Minze enthalten deutlich weniger Menthol als die der Pfefferminze. Trotzdem werden sie wie diese verwendet.
Viele mitteleuropäische Minzen bilden miteinander Bastarde und sind schwer zu unterscheiden. Auch die Wasser-Minze und die giftige Polei-Minze sind auf den ersten Blick sehr ähnlich. Aber einen Unterschied gibt es doch: Die Blüten der Polei-Minze (*Mentha pulegium*, unten) stehen nie in ährenförmigen oder runden Blütenständen am Stängelende.

Borretsch

Borago officinalis

> duftet nach Gurken
> nur frisch verwenden, verliert beim Kochen und Trocknen Aroma

Merkmale Einjährige Pflanze; 15–50 cm hoch; Stängel aufrecht, hohl, borstig behaart; Blätter wechselständig, eiförmig, zugespitzt, behaart, Blattrand wellig; intensiv blau gefärbte Blüten in einem rispenartigen Blütenstand am Stängelende; im Zentrum der Kronblätter ein Ring aus weißen Schuppen, aus dem Staubblätter und Griffel herausragen; Blütezeit Mai bis August.
Fundort Verwildert an Weg- und Feldrändern, auf gartennahem Brachland.
Ernte und Verwendung Borretschblüten sind eine essbare Dekoration und Würze für Salate und Kuchen. Außerdem nimmt man sie zum Färben von Kräuteressig, Säften und Weinen. Die zart säuerlichen Blätter sind ein altes und bekanntes Gurkengewürz. Man kann sie aber auch fein geschnitten zum Verfeinern anderer Gerichte, zum Würzen von Salaten, Suppen, Soßen, Quark-, Eier-, Fisch-, Fleisch- und Pilzgerichten verwenden. Doch ständig und in größeren Mengen sollte die Pflanze nicht gegessen werden, denn sie enthält Alkaloide, die als krebserregend und leberschädigend gelten.

Kleine Braunelle

Prunella vulgaris

> herb-aromatisch, fast bitter
> in der Volksmedizin bei Verdauungsbeschwerden eingesetzt

Merkmale 10–30 cm hohe Staude; Stängel liegend oder aufsteigend; Blätter gekreuzt gegenständig, länglich eiförmig, gestielt, ganzrandig bis schwach gekerbt; rotviolette Lippenblüten mit helmförmiger Oberlippe und dreilappiger Unterlippe, stehen zu mehreren in einem ährenförmigen Blütenstand am Stängelende; Blütezeit Juni bis September.
Fundort Feuchte, nährstoffreiche Wiesen, Wegränder, Heckensäume.
Ernte und Verwendung Die jungen Blätter der Kleinen Braunelle werden von April bis Mai, noch ehe sich die Blüten entfalten, gesammelt. Fein gehackt würzen sie roh Kräuterbutter, Kräuteressig und Salatsoßen. Gegart eignen sie sich als Zutat in Eintopfgerichten, Suppen und Spinat. Aber sie müssen sparsam dosiert werden. Zu reichlich verwendet stören ihre Bitterstoffe andere Geschmackskompositionen. Mit den rotvioletten Blütenköpfen kann man Teemischungen und Bowlen aromatisieren. Ein Tee aus den Blüten wirkt bei Magenverstimmungen ähnlich heilend wie Kamillentee.

Felsenbirne

Amelanchier ovalis

> Blüten riechen nach nicht ganz frischem Fisch
> Früchte reich an Vitamin C

Merkmale Reich verzweiger Strauch; 1–3 m hoch; Blätter wechselständig, lang gestielt, oval, Blattrand gezähnt; weiße Blüten, erscheinen vor dem Laubaustrieb; Blütezeit April bis Juni; reife Frucht eine erbsengroße schwarze Beere, blau bereift, trägt an der Spitze lange Kelchzipfel; Fruchtreife August bis Oktober.
Fundort Waldränder, Gebüsche, felsige Hänge in Südlage.
Ernte und Verwendung Die Früchte der Felsenbirne sind saftig, schmecken süß und aromatisch. Man kann sie roh essen, zu Kompott, Marmelade und Sirup verarbeiten oder als Belag für Kuchen und Torten nehmen.

Traubenkirsche

Prunus padus

> Blätter und Blüten schmecken nach Bittermandel
> Samen giftig

Merkmale 2–10 m hoher Strauch oder Baum; Blätter wechselständig, eiförmig, Blattrand gezähnt; weiße, duftende Blüten, zunächst aufrecht, später in hängenden Büscheln; Blütezeit Mai bis Juni; kugelige, glänzend schwarze Steinfrüchte, etwa erbsengroß (rechts); Fruchtreife Juli bis August.
Fundort Feuchte Waldränder, Auwälder.
Ernte und Verwendung Traubenkirschen ergeben delikate Marmeladen und Säfte. Die Blüten des Strauchs nimmt man zum Aromatisieren von Zucker, als kandierte Süßigkeit und zur Teebereitung. Die jungen zarten Blätter können fein gehackt als Würze für Soßen und Aufläufe genutzt werden.

Himbeere

Rubus idaeus

> rote Stacheln
> weißhaarige Blattunterseite
> ähneln unreifen Brombeeren

Merkmale 80–150 cm hoch; Strauch mit überhängenden Zweigen, die mit vielen kurzen Stacheln besetzt sind; Blätter wechselständig, drei- bis fünfteilig, Teilblättchen oval, Blattrand gezähnt; duftende weiße Blüten; Blütezeit Mai bis Juli; rote samtige Früchte; Fruchtreife Juli bis September.
Fundort Waldränder, Gebüsche.
Ernte und Verwendung Himbeeren enthalten reichlich Vitamin C und Mineralstoffe. Frisch vom Strauch schmecken sie einfach köstlich. Aber sie können natürlich auch zu Marmeladen, Saft und Süßspeisen verarbeitet werden. Getrocknete Blätter und Früchte liefern einen gesunden Haustee.

Wald-Erdbeere

Fragaria vesca

> passt gut in Wildkräutersalate
> Tee aus Blättern schmeckt wie grüner Tee

Merkmale 5–20 cm hohe Staude mit langen oberirdischen Ausläufern; Blütenstängel aufrecht, behaart; Blätter wechselständig, dreiteilig, Teilblättchen oval, unten seidig behaart, am Rand gezähnt; Blüten weiß, fünfzählig; Blütezeit Mai bis Juni; kugelige, bei Reife tiefrote Erdbeeren; Fruchtreife Juli bis September.

Fundort Sonnige Waldlichtungen, helle Laubwälder.

Ernte und Verwendung Wald-Erdbeeren entfalten nur voll ausgereift ihr unverwechselbares Aroma und lassen sich auch nur dann leicht pflücken. Die zucker- und vitaminreichen Früchte kann man – genau wie Garten-Erdbeeren – frisch genießen oder zu Marmelade, Eis, Quarkspeisen, Obstsalaten, Säften und vielem mehr verarbeiten. Besonders gut harmonieren sie mit Minze, Zitronenmelisse, Lavendel und Vanille. Aus Blüten und Blättern lässt sich ein Tee zubereiten, der erfrischend und blutreinigend wirkt. Die jungen, noch weichen Blätter können aber noch mehr: Sie passen als schmackhafte Zutat in Wildsalate, Kräuterbutter und Soßen, sie verfeinern Maibowlen und sie eignen sich zum Einlegen von Gurken.

Kornelkirsche

Cornus mas

> Früchte roh genießbar
> reife schmecken wie Johannisbeeren
> unreife schmecken sehr sauer

Merkmale Locker verzweigter Strauch oder kleiner Baum; 2–6 m hoch; Stammborke graubraun, blättert schuppig ab; Blätter gegenständig, oval, zugespitzt, glattrandig; Blüten gelb, vierzählig, erscheinen vor dem Laub; Blütezeit Februar bis März; länglich eiförmige Steinfrucht (rechts), bei Reife glänzend dunkelrot; Fruchtreife ab Juli.

Fundort Waldränder, sonnige Gebüsche.

Ernte und Verwendung Kornelkirschen schmecken nur, wenn sie wirklich reif sind und sich fast allein vom Strauch lösen. Unreife Früchte sind sehr sauer. Die reifen Früchte isst man roh, aber auch zu Marmelade, Saft, Likör und Wein verarbeitet. Auch getrocknet zur Teebereitung und kandiert sind sie verwertbar. Unreife Früchte können in Essig oder Öl eingelegt werden. Ebenfalls nutzbar sind Blüten, Samen und Blätter des Strauchs. Die Blüten nimmt man zum Aromatisieren von Tee und Spirituosen. Die gerösteten Samen ergeben gemahlen eine Art Kaffee. Aus den Blättern kann man einen heilsamen Tee zubereiten. Volksmedizinisch wurde er früher bei Darmerkrankungen eingesetzt.

Preiselbeere

Vaccinium vitis-idaea

> reife Früchte nur so lange kochen, bis die Fruchtschale platzt, längeres Kochen macht sie bitter

Merkmale Wintergrüner Zwergstrauch; 5–30 cm hoch; Zweige aufrecht, rundlich, mit grüner Rinde; Blätter wechselständig, immergrün, oval, kurz gestielt, lederartig, oben glänzend dunkelgrün, unten heller, matt, braun punktiert, ganzrandig, oft ist der Blattrand nach unten umgerollt; Blüten weiß bis zartrosafarben, glockenförmig (oben), in hängenden Trauben an den Zweigenden; Blütezeit Mai bis Juli; kugelige, bei Reife leuchtend rote Beerenfrüchte (unten); Fruchtreife August bis November.
Fundort Warme Kiefernwälder, Moore, Heiden; nie in Kalkgebieten, sonst häufig.
Ernte und Verwendung Preiselbeeren gehören zu den Klassikern der Wildfrüchteküche. Sie enthalten reichlich Vitamin A, B, C und E, Mineralstoffe sowie Spurenelemente und sind damit ein hoch geschätztes, sehr gesundes Wildobst. Frisch sind sie durchaus essbar. Weil sie so aber ausgesprochen sauer und auch ein wenig bitter schmecken, verzichtet man besser darauf.
Ihren bekannten, fruchtig-süßen Geschmack entwickeln Preiselbeeren erst beim Kochen. Als Preiselbeeren süßsauer oder als süße Marmelade, als Kompott und Gelee sind sie eine beliebte Beilage zu Hirsch-, Reh- und Wildschweingerichten, aber auch zu gebackenem Geflügel und Wiener Schnitzel oder zu Käse. Auch eine Leberpastete mit Preiselbeeren schmeckt ausgezeichnet. Doch Preiselbeeren eignen sich nicht nur als Beilage zu deftigen Gerichten. Die Bandbreite ihrer Anwendungsmöglichkeiten reicht viel weiter.
Man kann Preiselbeeren auch in Kuchen und anderem Gebäck, in Fruchtsuppen, Likören und Säften verwenden. Der Saft aus den vitaminreichen Beeren wird gerne als winterlicher Vitaminspender getrunken. Getrocknet werden Preiselbeeren Hausteemischungen, Müslis und Backwaren zugesetzt. Die in den Monaten April und Mai gesammelten Blätter verwendet man fein gehackt als Gewürz für Soßen, Fleisch und Fisch. Einen Tee aus den frischen oder getrockneten Blättern setzt die Volksmedizin als Blutreinigungsmittel ein.

Wald-Johannisbeere, Rote Johannisbeere

Ribes rubrum

> Blattunterseite: gelbe Harzdrüsen
> namengebend ist die Zeit der Fruchtreife um Johanni (24.6.)

Merkmale Kräftiger Strauch mit aufrechten Zweigen; 1–2 m hoch; Blätter wechselständig, drei- bis fünflappig, Blattrand gezähnt; grüngelbe Blüten; Blütezeit April bis Mai; rote erbsengroße Beerenfrüchte in hängenden Trauben; Fruchtreife Juni.
Fundort Wild in Auwäldern, feuchten Gebüschen, an Flussläufen; häufig in Gärten gepflanzt und gartennah verwildert.
Ernte und Verwendung Die sauren, vitaminreichen Früchte sind als Frischobst beliebt. Sie lassen sich aber auch zu Marmeladen und Säften sowie getrocknet zu Früchtetees verarbeiten.

Berg-Johannisbeere

Ribes alpinum

> Blätter duften wie Champignons
> Beeren säuerlich
> im Bergwald oft dichte Bestände

Merkmale Reich verzweigter Strauch; 50–200 cm hoch; Rinde der Zweige graubraun; Blätter wechselständig, drei- bis fünflappig, am Rand grob gezähnt; Blüten grüngelb, in aufrechten Trauben; Blütezeit April bis Juni; kleine, kugelige, glänzend rote Beerenfrüchte; Fruchtreife Juli.
Fundort Wild in Bergmischwäldern und Schluchtwäldern; oft in Hecken gepflanzt.
Ernte und Verwendung Die mildsäuerlichen Beeren lassen sich zu Limonaden und Säften verarbeiten, in Kombination mit anderen Früchten auch zu Marmeladen, Kompott und Chutneys. Junge Blätter und Blüten streut man in Salate und Suppen.

Wald-Stachelbeere

Ribes uva-crispa

> frische Früchte schmecken wie Kiwis
> getrocknete Früchte kann man als Tee aufbrühen

Merkmale Buschiger Strauch; 50–150 cm hoch; Zweige graubraun, stachelig; Blätter wechselständig, drei- bis fünflappig, behaart, Blattrand rundlich gezähnt; Blüten gelbgrün, fünfzählig; Blütezeit April bis Mai; grüne, gelbe oder rötliche durchscheinende Beerenfrüchte; Fruchtreife August.
Fundort Auwälder, Waldränder, Gebüsche.
Ernte und Verwendung Die Beeren können frisch als Obst gegessen werden, schmecken aber genauso gut zu Marmelade verarbeitet, als Belag auf Obstkuchen oder im Rumtopf. Junge Stachelbeerblätter lassen sich fein gehackt als Salatzutat und aromatische Soßenwürze verwenden.

Echter Meerrettich

Armoracia rusticana

> Blüten als essbare Dekoration
> unverwechselbar: große, lang gestielte Grundblätter

Merkmale 40–150 cm hoch; Stängel kantig, gefurcht; Grundblätter gestielt, bis zu 1 m lang; Stängelblätter wechselständig, unregelmäßig tief eingeschnitten, gezähnt; Blüten weiß, vierzählig; Blütezeit Mai bis Juni; kräftige Pfahlwurzel (links).
Fundort Verwildert an Wiesen-, Weg-, Feld- und Bachrändern.
Ernte und Verwendung Meerrettichwurzeln können fast das ganze Jahr geerntet werden. Frisch gerieben verleihen sie Fleisch und Fisch, Frischkäse und Quark, Wurst und selbst Salaten eine delikate Schärfe. Von März bis Mai gesammelte Blätter würzen fein gehackt ebenfalls vielerlei Gerichte.

Wilde Möhre

Daucus carota

> Blätter, Blüten und Samen würzen Salate, Suppen und Gemüse
> Wildform der Gelben Rübe

Merkmale 30–90 cm hoch; Stängel hart; Blätter gefiedert, Teilblättchen spitz dreieckig; Blüten weiß, bilden einen flach gewölbten Blütenstand, in dessen Mitte oft eine dunkel gefärbte »Mohrenblüte« liegt (rechts); Blütezeit Juni bis September; Frucht eiförmig, gerippt.
Fundort Wiesen, Wegränder.
Ernte und Verwendung In ihrem 1. Lebensjahr entwickelt die Wilde Möhre Blätter und Wurzel. Im darauffolgenden Jahr blüht sie, bildet Früchte und welkt. Die Wurzel wird am besten im Herbst des 1. Jahres oder im anschließenden Frühling ausgegraben. Dann ist sie zart und kann roh oder gekocht gegessen werden.

Bärwurz

Meum athamanticum

> Geschmack wie Bohnenkraut
> volksmedizinisch als appetitanregendes Mittel genutzt

Merkmale 20–50 cm hoch; Stängel hohl, kantig, fein gerillt; Blätter dunkelgrün, fein gefiedert, bestehen aus langen, haarfeinen Zipfeln; Blütendolde aus 5 bis 15 Strahlen, Einzelblüten klein, gelbweiß, oft rötlich überlaufen; Blütezeit Mai bis Juni.
Fundort Wiesen der Mittelgebirge und Alpen.
Ernte und Verwendung Die zarten Bärwurzblätter nimmt man von April bis Mai als Beigabe in Suppen, Aufläufen und Gemüsegerichten. Zusammen mit Schnittlauch würzen sie Kräuterquark und Kräuterkäse. Getrocknet eignen sie sich zur Herstellung von Kräutersalz. Die Wurzel ergibt ein sellerieähnliches Gemüse.

Nachtkerze

Oenothera biennis

> Volksname: Gelbe Rapunzel
> Blüten öffnen sich abends, dann sammeln

Merkmale Zweijährig; 50–150 cm hoch; Stängel aufrecht, etwas kantig, selten verzweigt; Grundblätter in bodennaher Rosette; Stängelblätter wechselständig, 5–15 cm lang, schmal, spitz, hellgrün, oft rötlich überlaufen, am Rand klein gezähnt; Blüten gelb, vierzählig, sitzen einzeln in den Achseln der oberen Blätter, duften vor allem nachts sehr intensiv; Blütezeit Juni bis August; braune, längliche Fruchtkapsel, die dunkelbraune Samen beinhaltet; lange, dicke, rübenförmige Wurzel (unten).
Fundort Wegränder, Böschungen, Bahndämme; braucht sonnige, trockene Standorte mit nährstoffreichem, sandig-lehmigem Untergrund.
Ernte und Verwendung Die Nachtkerze, volkstümlich auch Schinkenwurzel genannt, ist von Kopf bis Fuß, von Blütenstängel, Blüten und Samen über die Blätter bis zur Wurzel in der Wildkräuterküche nutzbar. Am bekanntesten ist die Verarbeitung der aromatischen Wurzel, die beim Kochen eine rötliche, an Schinken erinnernde Farbe annimmt. Sie wird zu einem Gemüse verarbeitet, das im Geschmack an Schwarzwurzeln erinnert, aber auch zu Salaten wie beispielsweise dem traditionellen »Schinkensalat« und zu kräftigen Suppen. Glaubt man einer alten Volksweisheit, so gibt ein Pfund der Nachtkerzenwurzel mehr Kraft als ein Zentner Ochsenfleisch.
Geerntet wird die Wurzel, solange die Nachtkerze noch keinen Blütenstängel entwickelt hat. Nur bis dahin ist sie zart, später wird sie ungenießbar hart und holzig. Die mild nach Mangold schmeckenden Blätter der noch nicht blühenden Pflanze genießt man in Streifen geschnitten in Salaten. Auch als Suppe oder spinatähnliches Gemüse zubereitet schmecken sie. Die noch jungen Blütenstängel kann man geschält roh essen oder als Pfannengemüse zubereiten.
Die gelben Blüten nutzt man als essbare Dekoration in Salaten. Die Blütenknospen genießt man ebenfalls in Salaten, aber auch in Öl eingelegt als Antipasti. Die ölhaltigen Samen, die im September ausgereift sind, kann man wie Sesamkörner in Gebäck verarbeiten. Ebenso verwendbar sind alle anderen mitteleuropäischen Nachtkerzenarten.

Heidelbeere

Vaccinium myrtillus

> Blätter und Blüten ideal in Hausteemischungen
> Beerensaft färbt nachhaltig blau

Merkmale Sommergrüner, dicht wachsender Zwergstrauch, 15–50 cm hoch; Stängel aufrecht, kantig, grün; Blätter wechselständig, oval, zugespitzt, beiderseits grün, am Rand fein gesägt; Blüten fünfzählig, kugelig bis glockig, erst grün, später weinrot (oben), sitzen einzeln in den Achseln der oberen Blätter; Blütezeit Mai bis Juni; bei Reife blauschwarze Beerenfrüchte, hellblau bereift (unten); Fruchtfleisch und Saft dunkelrot; Fruchtreife Juli bis August.

Fundort Bodensaure Nadelwälder, Gebüsche, Heiden; bis in Höhenlagen von 2500 m anzutreffen; verbreitet und häufig, nur in ausgesprochenen Kalkgebieten seltener.

Ernte und Verwendung Die beste Erntezeit für Heidelbeeren sind die Monate August und September. Dann sind die Früchte vollreif und blauschwarz gefärbt und können nicht mehr mit den bei Reife roten Preiselbeeren verwechselt werden. Heidelbeeren sind ein beliebtes, hochwertiges Wildobst. Noch heute werden allein in Deutschland mehrere tausend Tonnen dieser Früchte geerntet. Die Liste ihrer Nutzung ist lang: Sie schmecken roh, als Marmelade, in roter Grütze, auf Kuchen, in Eis, Desserts, Fruchtsuppen und Fruchtsoßen. Selbst als Saft, Fruchtwein und Likör werden sie genossen. Getrocknet ergeben sie einen aromatischen Frühstückstee, passen aber ebenso gut in Müslis und Studentenfuttermischungen. Man kann sie auch ohne Geschmacksverluste einfrieren und so für eine spätere Verwendung aufbewahren.

Die herb säuerlichen Blätter, die am besten im Frühsommer gesammelt werden, gibt man frisch oder getrocknet in kleinen Mengen als würzende Beigabe zu Salaten oder Teemischungen. Ebenfalls in Hausteemischungen kann man die Blüten der Heidelbeeren nutzen. Auch volksmedizinisch werden Heidelbeersträucher eingesetzt, so zum Beispiel zur Behandlung von Durchfallerkrankungen, Nachtblindheit oder unterstützend bei Diabetes.

Am gleichen Standort wächst eine verwandte Art mit ähnlichen Früchten, die Rauschbeere *(Vaccinium uliginosum)*. Man erkennt sie an ihren im Unterschied zur Heidelbeere runden Zweigen und ganzrandigen, unterseits graugrünen Blättern. Nach dem Genuss dieser Früchte kann es zu Schwindel, Übelkeit und Erbrechen kommen. Zurückgeführt wird dies auf eine Infektion der Beeren mit dem Pilz *Sclerotinia megalospora*.

Echte Brombeere

Rubus fruticosus

> reifen bei Lagerung nicht nach
> Blätter ganzjährig nutzbar, schmecken nach Äpfeln

Merkmale Wuchernder Strauch; 50–200 cm hoch; Zweige stark bestachelt, meist bogenförmig überhängend; Blätter wechselständig, drei- bis siebenteilig, Teilblättchen eiförmig, zugespitzt, mit gezähntem Rand; Blüten weiß, fünfzählig, in lockeren Trauben an den Zweigenden; Blütezeit Juni bis Juli; kugelige, bei Reife schwarz glänzende Sammelfrucht; Fruchtreife ab August.
Fundort Feld-, Wald- und Wegränder, Gebüsche; häufig.
Ernte und Verwendung Brombeeren werden geerntet, sobald sie tiefschwarz und voll ausgereift sind. Die Blätter des Strauchs sammelt man während der gesamten Vegetationsperiode. Die Früchte geben Soßen ein feinherbes Aroma und sie schmecken in einer Vielzahl von Fruchtzubereitungen: frisch beispielsweise in Fruchtsalaten, Joghurt und Quark, gekocht als Marmelade und Gelee. In Norddeutschland sind sie zusammen mit Heidelbeeren, Himbeeren und Johannisbeeren Bestandteil der traditionellen Roten Grütze. Brombeerblätter sind kombiniert mit Erdbeer- und Himbeerblättern in vielen Haus- und Frühstückstees enthalten.

Kratzbeere

Rubus caesius

> wie Brombeeren, aber blau bereift
> 100 g Früchte enthalten 25 mg Vitamin C

Merkmale Sommergrüner Strauch; 30–80 cm hoch; Zweige mit nadelartig dünnen Stacheln besetzt, blau bereift, bogig überhängend; Blätter wechselständig, dreiteilig (links), Teilblättchen oben hellgrün, unten graugrün, kurz behaart, Blattrand gezähnt; Blüten weiß, fünfzählig, Blütenstiele dünn, mit feinen Stacheln besetzt; Blütezeit Mai bis Juni; schwarze brombeerähnliche Sammelfrucht, blau bereift (rechts); Fruchtreife ab August.
Fundort Auwälder, Ufergebüsche; braucht feuchte bis nasse Böden.
Ernte und Verwendung Kratzbeeren schmecken deutlich weniger aromatisch als Brombeeren. Sie werden selten roh gegessen, aber in Kombination mit anderen Früchten gerne zu Marmeladen, Gelees, Sirup und in Grützen verarbeitet. Auch als Belag auf Kuchen und Torten sind verwendbar. Als Likör ist der Geschmack der Kratz- oder Kroatzbeere weltweit bekannt. Die Blätter nimmt man wie die der Brombeere zur Teegetränkbereitung. Gesammelt werden sie dafür in den Monaten April bis August.

Elsbeere
Sorbus torminalis

> vor dem Verarbeiten kurz einfrieren
> Blätter mit Bittermandelgeschmack

Merkmale Baum mit eiförmiger Krone; 10–20 m hoch; Stamm junger Bäume glatt, bei älteren Bäumen längsrissig; Blätter wechselständig, ahornähnlich, oben glänzend dunkelgrün, unten graugrün, im Herbst leuchtend rot; Blüten weiß; Blütezeit Mai bis Juni; Frucht oval, 10–18 mm lang, rotbraun, hell gepunktet; Fruchtreife ab September.
Fundort Wärmeliebende Eichenmischwälder, Gebüsche.
Ernte und Verwendung Elsbeeren kann man roh essen, sie schmecken aber vor allem mit anderem Obst zu Marmeladen und Kompott verarbeitet. Die Blätter nutzt man in Teemischungen.

Mehlbeere
Sorbus aria

> Fruchtgeschmack etwas fad
> getrocknete Beeren werden als Mehlzusatz verwendet

Merkmale Sommergrüner Baum; 6–15 m hoch; Stamm mattgrau und rissig; Blätter wechselständig, am Rand gezähnt, oval, oben grün und glänzend, unten weißfilzig behaart, Herbstfärbung intensiv gelb; Blüten weiß, in aufrechten Blütenständen an den Zweigenden; Blütezeit Mai bis Juni; rote, eiförmige Frucht, 1,5 cm lang; Fruchtreife August bis Oktober.
Fundort Sonnige Felshänge, Laubwälder, Gebüsche.
Ernte und Verwendung Mehlbeeren schmecken fruchtiger, wenn man sie nach dem ersten Frost erntet. Mann kann sie als Marmeladenzusatz verwenden oder zu Säften, Fruchtmus, Soßen und Chutneys verarbeiten.

Eberesche, Vogelbeerbaum
Sorbus aucuparia

> »Zitronen des Nordens«
> roh ungenießbar
> vor Verbrauch 2 Monate einfrieren

Merkmale Sommergrüner Baum; 3–15 m hoch; Blätter wechselständig, 9 bis 19 schmale, zugespitzte Teilblättchen; Blüten weiß; Blütezeit Mai bis Juni; Früchte rot, kugelig, erbsengroß, in auffälligen Fruchtständen; Fruchtreife Oktober.
Fundort Laubwälder, Waldränder, Gebüsche.
Ernte und Verwendung Vogelbeeren schmecken ohne Frosteinwirkung sehr bitter. Um den Bitterton zu mildern, friert man sie nach der Ernte eine Zeit lang ein. Danach passen sie in Verbindung mit Äpfeln und Birnen in Marmeladen, ergeben einen kräftigen Sirup oder ein süßsaures Chutney.

Speierling
Sorbus domestica

> Früchte müssen nach der Ernte Tage bis Wochen nachreifen, erst dann sind sie süß und aromatisch

Merkmale Sommergrüner Baum; 10–20 m hoch; Stamm graubraun, klein gefeldert; Blätter wechselständig, bestehen aus 13 bis 21 schmalen Teilblättchen, Herbstfärbung gelb bis rot; Blüten weiß; Blütezeit Mai bis Juni; Früchte birnen- oder apfelförmig, 2–3 cm groß, bei Reife braunrot; Fruchtreife September.
Fundort Eichenmischwälder der Weinbaugebiete.
Ernte und Verwendung Die gerbstoffreichen Früchte verarbeitet man zu Marmelade oder Fruchtmus oder nutzt sie als Kuchenbelag. Außerdem sind sie unverzichtbar für Apfelsaft und Apfelmost. So werden diese haltbarer und aromatischer.

Echte Mispel
Mespilus germanica

> schmecken reif wie Aprikosen
> am besten nach den ersten Frösten ernten

Merkmale Sommergrüner Strauch oder Baum; 4–6 m hoch; Zweige manchmal mit Dornen besetzt; Blätter wechselständig, länglich oval, unten behaart; Blüten weiß, bis zu 4 cm groß, stehen einzeln am Ende der Zweige; Blütezeit Mai bis Juni; Frucht braunrot, apfelähnlich, mit langen Kelchblattresten an der Spitze; Fruchtreife ab Oktober.
Fundort Obstbaum aus Südosteuropa, verwildert in warmen, trockenen Eichenmischwäldern, an Waldrändern, in Gebüschen.
Ernte und Verwendung Reife Mispeln genießt man roh oder auch in Butter und Rotwein geschmort oder zusammen mit anderen Obstarten zu Marmelade gekocht.

Wildpflaume, Krete
Prunus domestica ssp. *insititia*

> alte Form, die stark der Schlehe ähnelt
> Früchte schmecken wie Pflaumen

Merkmale Strauch oder kleiner Baum mit Wurzelausläufern und Dornen; 3–7 m hoch; Blätter ledrig derb, Blattrand gekerbt; Blüten weiß; Blütezeit April bis Mai; Früchte zwetschgenartig blau mit graublauer Bereifung, manchmal auch gelbgrün, 2–3 cm lang, Fruchtfleisch haftet fest am Kern; Fruchtreife September bis Oktober.
Fundort Hecken, Felsengebüsch, Streuobstwiesen.
Ernte und Verwendung Die Früchte dieser sehr alten Wildpflaumenart eignen sich mit ihrem kräftigen, fruchtig-herben Geschmack vorzüglich für die Zubereitung von Marmeladen, Säften, Likören, Obstbränden und süßen Desserts.

Wildbirne

Pyrus pyraster

> oft sehr holzig, roh ungenießbar
> herbsäuerlich im Geschmack
> Wildform der Gartenbirnen

Merkmale Strauch oder kleiner Baum mit meist dornigen Zweigen; 2–4 m hoch; Blätter wechselständig, 2–7 cm lang gestielt, rundlich oval, vorn zugespitzt, Blattrand sehr fein gesägt; Blüten weiß, Staubbeutel auffällig rot; Blütezeit April bis Mai; Früchte gelbrot, deutlich kleiner als Kulturbirnen; Fruchtreife September bis Oktober.
Fundort Sonnige, nicht zu trockene Hecken, Auengebüsche.
Ernte und Verwendung Das holzig-harte Fruchtfleisch der Wildbirnen wird erst im Spätherbst, nach den ersten Frösten etwas milder. Dann aber können Wildbirnen Marmeladezubereitungen beigefügt werden.

Steinweichsel, Weichselkirsche

Prunus mahaleb

> Weichselnektar: 1 kg Früchte, 1 l Wasser, 150 g Zucker
> als Duftholz im Kleiderschrank

Merkmale Reich verzweigter Strauch oder Baum; 1–4 m hoch; Blätter wechselständig, lang gestielt, rundlich oval, zugespitzt, oben glänzend dunkelgrün, unten matt und entlang der Nerven behaart, Blattrand fein gesägt; Blüten weiß, fünfzählig, in Büscheln; Blütezeit April bis Mai; erbsengroße, runde Steinfrüchte, bei Reife glänzend schwarz; Fruchtreife August.
Fundort Trockengebüsche, felsige Hänge, besonnte Waldsäume.
Ernte und Verwendung Die Früchte der Steinweichsel sind bei Weitem nicht so schmackhaft wie Kulturkirschen, werden aber wie diese roh, gekocht und getrocknet verarbeitet.

Quitte

Cydonia oblonga

> Flaum der Früchte mit Tuch abreiben
> Zitronensaft erhält beim Kochen die Farbe

Merkmale Sommergrüner Strauch oder kleiner Baum; 1,5–8 m hoch; Blätter wechselständig, breit oval, 1–2 cm lang gestielt, oben dunkelgrün und leicht glänzend, unten filzig behaart, ganzrandig; Blüten weiß, 4–6 cm breit, einzeln oder zu zweit an den Zweigenden; Blütezeit Mai bis Juni; goldgelbe Frucht; Fruchtreife ab September.
Fundort Als Obstbaum gepflanzt, in sonnigen Lagen der Weinbauregionen verwildert anzutreffen.
Ernte und Verwendung Rohe Quitten sind ungenießbar, aber gekocht als Beifrucht in Marmeladen und Konfitüren oder verarbeitet zu Sirup und Gelee schmecken sie köstlich.

Schlehe

Prunus spinosa

> erster Blütenstrauch des Jahres
> getrocknete Blüten ergeben heilkräftigen Tee bei Erkältungen

Merkmale Reich verzweigter, dorniger Strauch; 1–3 m hoch; Blätter erscheinen erst nach den Blüten, sind wechselständig, kurz gestielt, länglich eiförmig, Blattrand gezähnt; Blüten klein, weiß, duftend, fünfzählig, verteilen sich einzeln über die gesamte Zweiglänge; Blütezeit März bis April; kugelige, heidelbeergroße Steinfrucht, fast schwarz, hellblau bereift, Fruchtfleisch haftet fest am Stein; Fruchtreife September bis November.
Fundort Sonnige Wald-, Feld- und Wegränder, Hecken, häufig zusammen mit Weißdorn und Wildrosen.
Ernte und Verwendung Die dunkelblauen Schlehenfrüchte enthalten neben Vitaminen und Zucker viele organische Säuren und Gerbstoffe. Sie wirken blutreinigend, steigern die Abwehrkräfte und helfen bei rheumatischen Beschwerden. Wahrscheinlich deshalb, aber auch weil Schlehen einfach köstlich schmecken, erlebt das Rosengewächs nach langer Pause heute eine Renaissance.
Aber wegen ihres hohen Gerbstoffgehaltes sind Schlehen ohne Frosteinwirkung kaum genießbar. Doch nach einer Frostbehandlung, entweder draußen in der Natur oder in der heimischen Gefriertruhe, schmecken sie auch in rohem Zustand mild und gut. Trotzdem werden sie in der Wildfrüchteküche meist gekocht oder getrocknet verwendet. Schlehen werden zu Marmeladen, Gelees, Chutneys, Säften, Likör und Wein verarbeitet.
Auf den Britischen Inseln ist Schlehen-Gin beliebt. Und im spanischen Navarra wird der traditionelle Verdauungslikör Pacharan aus Schlehen und Anis nach jahrhundertealtem Rezept gebraut. In manchen Gegenden werden Schlehenfrüchte anstelle von Wacholderbeeren Wildsoßen zugesetzt. Getrocknet sind die Früchte Bestandteil von Kräutertees und Müslimischungen.
Schlehenblüten nutzt man als Gewürz in Süßspeisen und Teemischungen. Auch als kandierte Süßigkeit sind sie köstlich. Volksmedizinisch werden Schlehenblüten als Hustenmittel eingesetzt. Die zarten Blätter des Schlehenstrauchs verwendet man frisch und fein gehackt oder getrocknet und gerebelt als Bratengewürz und in Teemischungen.

Schwarze Maulbeere

Morus nigra

> Früchte gleichen Brombeeren
> Maulbeeren lassen sich nur für kurze Zeit lagern

Merkmale Sommergrüner Baum; bis 10 m hoch; Blätter wechselständig, kurz gestielt, breit eiförmig, oben dunkelgrün und rau, unten flaumig behaart, Blattrand gesägt; männliche Blütenstände hängend, weibliche kurz gestielt, aufrecht; Blütezeit Mai bis Juni; reife Früchte blauschwarz, brombeerähnlich; Fruchtreife ab August.
Fundort In klimatisch milden Lagen verwildert als Heckenpflanze.
Ernte und Verwendung Die saftigen, süßsauren Schwarzen Maulbeeren sind roh wie gekocht essbar. Man kann sie für Marmelade, Gelee, Sirup und Wein oder für Kuchen und Torten verwenden.

Hasel

Corylus avellana

> wild wachsende Haselnüsse schmecken süßer als kultivierte
> Nussaroma durch Rösten intensiver

Merkmale Strauch oder Baum; 2–5 m hoch; Blätter wechselständig, rundlich, behaart, mit gesägtem Rand; Blüten erscheinen lange vor dem Laub, männliche Blüten als hängende Kätzchen (rechts), weibliche Blüten als kleine Knospen mit roten Narben; Blütezeit Februar bis April; Frucht eine hartschalige Nuss; Fruchtreife ab September.
Fundort Laubwälder, Waldränder, Hecken.
Ernte und Verwendung Haselnüsse enthalten neben den Vitaminen B und C viele Minerale und Spurenelemente, etwa 17% Eiweißstoffe und 60% Fett. Man nimmt sie für die Zubereitung von Kuchen, Brot, Pudding, Schokolade und vielem mehr.

Sanddorn

Hippophae rhamnoides

> Früchte schmecken roh sehr sauer
> Tipp: Zur Ernte unbedingt dicken Lederhandschuh tragen

Merkmale Strauch oder Baum; 2–6 m hoch; Zweige dornig; Blätter wechselständig, schmal, ganzrandig, oben graugrün, unten silbrig; Blüten gelb, erscheinen vor dem Laub, männliche Blüten in Büscheln, weibliche einzeln; Blütezeit April; Frucht orange, beerenartig; Fruchtreife September bis Oktober.
Fundort Meeresküsten, Flussufer.
Ernte und Verwendung Man stellt aus Sanddornbeeren Marmelade, Säfte und Fruchtliköre und in Kombination mit anderen Früchten auch Kompotte her. In idealer Weise werden Aroma und Geschmack der Sanddornbeeren durch Äpfel, Birnen, Quitten und Orangen unterstützt.

Berberitze

Berberis vulgaris

> Früchte getrocknet verwendbar
> passen in Müslimischungen
> typisch: dreiteilige Dornen

Merkmale Reich verzweigter Strauch; 1–3 m hoch; Zweige rutenförmig, dornig; Blätter in Büscheln, eiförmig, am Rand gesägt; Blüten gelb, duftend, in hängenden Trauben; Blütezeit April bis Juni; Frucht eine rote, längliche Beere (rechts); Fruchtreife August bis Oktober.
Fundort Eichen- und Kiefernwälder, Waldränder.
Ernte und Verwendung Berberitzenfrüchte sind der Inbegriff des Sauren. Sie sollten erst nach Frosteinwirkung geerntet werden. Auch bei der Verarbeitung zu Marmeladen, Gelees, Säften oder Fruchtmus ist es sinnvoll, sie mit süßeren Früchten, beispielsweise Äpfeln oder Kürbis, zu kombinieren.

Rotbuche

Fagus sylvatica

> erste zarte Blätter für Salate
> Bucheckern schmecken mandelähnlich

Merkmale Sommergrüner Baum; 25–30 m hoch; Stamm glatt, grau; Blätter wechselständig, oval, mit kurzer Spitze, am Rand gewellt; männliche Blüten hängend, weibliche Blüten in aufrechten Köpfchen; Blütezeit April bis Mai; dreikantige, rotbraune Frucht in stacheliger Hülle (rechts); Fruchtreife September.
Fundort Laubwälder.
Ernte und Verwendung Bucheckern enthalten neben Öl, Stärke und Eiweiß in ihrer Schale das unverträgliche Fagin. Werden sie roh gegessen, kann das zu Magenschmerzen führen. Röstet man sie jedoch vor dem Verzehr, sind sie bekömmlich. Man verwendet sie in Salaten und als Beigabe in Gemüsegerichten.

Edelkastanie, Marone

Castanea sativa

> schmecken nussig-süß
> Volksmedizin nutzt Tee aus den Blättern bei Husten

Merkmale Sommergrüner Baum; 10–30 m hoch; Stamm graubraun, längsrissig; Blätter wechselständig, länglich, zugespitzt, grob gezähnt; männliche Blüten in gelben, kätzchenartigen Blütenständen, weibliche zu einem bis drei an deren Basis; Blütezeit Mai bis Juli; Frucht glatte Nuss in stacheligem Fruchtbecher; Fruchtreife Oktober.
Fundort Laubmischwälder wintermilder Gebiete.
Ernte und Verwendung Maronen werden – von ihrer Schale befreit – entweder als süße Nascherei genossen, als Zutat für Gebäck und Desserts verwendet oder zu Mus verarbeitet. Getrocknet und gemahlen nimmt man sie zum Eindicken von Soßen.

Echte Walnuss
Juglans regia

> sind botanisch Steinfrüchte: Die harte Nuss ist der Steinkern, der essbare weiche Teil der Samen

Merkmale Sommergrüner Baum; 10–25 m hoch; Blätter wechselständig, sieben bis neun ovale Teilblättchen, duften zerrieben aromatisch; männliche Blüten gelbe hängende Kätzchen, weibliche zu eins bis fünf in aufrechten Ähren; Blütezeit April bis Mai; hartschalige Walnuss in grüner, sich bei Reife lösender Schale (links); weicher essbarer Samen; Fruchtreife September bis Oktober.
Fundort Heimat Balkan, bei uns verwildert in Weinbaugebieten.
Ernte und Verwendung Walnüsse sind in der Küche vielseitig nutzbar: als Zutat für Brot und Kuchen, in Desserts, Soßen und roh zum Naschen.

Echte Weinrebe
Vitis vinifera

> Blätter und Blüten schmecken säuerlich
> Fruchtkerne liefern Speiseöl

Merkmale Sommergrüner Kletterstrauch mit verzweigten, 5–20 m langen Ranken; Blätter wechselständig, rundlich bis herzförmig, Blattrand gezähnt; Blüten gelbgrün, unscheinbar, schwach duftend; Blütezeit Juni; Früchte süße, saftige Beeren in hängenden Trauben; Fruchtreife September.
Fundort Wildformen der Kulturreben gibt es nur an Standorten mit mildem Klima, z. B. in den Auwäldern des Rheintals.
Ernte und Verwendung Die zarten Blätter nimmt man als Hülle für Gemüse- und Reisrouladen, die Blüten als Aroma für Desserts und Getränke. Weintrauben schmecken in vielerlei Fruchtzubereitungen.

Wacholder
Juniperus communis

> während der Reifezeit ändern die Beeren ihre Farbe von Graugrün über Rot nach Blauschwarz

Merkmale Immergrüner, säulenförmiger, oft mehrstämmiger Baum oder Strauch; 4–10 m hoch; Nadeln zu dritt in einem Wirtel, steif, stechend spitz, oben mit weißem Mittelband; Blüten in den Achseln der Nadeln, die männlichen gelb, die weiblichen grün; Blütezeit April bis Mai; Früchte erbsengroße, kugelige Beerenzapfen (links); Fruchtreife August bis Oktober.
Fundort Kiefernwälder, Heiden.
Ernte und Verwendung Reife Wacholderbeeren werden getrocknet zum Würzen von Wild, fettem Fleisch und Sauerkraut verwendet. Frische Früchte ergeben zerdrückt und mit weicher Butter verrührt einen pikanten Brotaufstrich.

Register

Bildnachweis

Albers/Hecker 59M, 107ul; **Dreyer** 6, 7, 73o, 73Mr; **Gartenschatz** 11o, 13ol, 15u, 17o, 19o, 19M, 21o, 21u, 23o, 23ul, 25o, 29o, 29M, 29u, 33u, 35o, 37ol, 41o, 43o, 47o, 51o, 53o, 57o, 61M, 61u, 65o, 69ol, 71ur, 75u, 79u, 83o, 83u, 85u, 87u, 89o, 91u, 93u, 95ur, 101ol, 107o, 109u, 115o, 117mr, 117Ml, 117u, 117Ml; **Hecker** 2, 3, 4, 8, 9, 13or, 13u, 17u, 19u, 23ur, 25u, 27, 33o, 35u, 37u, 39ol, 39ur, 41u, 45o, 45M, 45u, 47M, 47u, 49o, 49u, 51u, 55u, 57M, 57u, 59o, 63ol, 63or, 63u, 65u, 67ol, 67or, 67M, 67u, 69M, 69ul, 69ur, 71ol, 71M, 71ul, 75o, 77o, 77u, 79o, 79M, 81o, 81u, 85M, 87o, 91o, 93Ml, 95ul, 97o, 97u, 99M, 101Ml, 101u, 103o, 103u, 105u, 105o, 109o, 109M, 111o, 111M, 113M, 115u, 117o, 119Ml, 119Mr, 119u, 121ol, 121or, 121M, 121ul; **König/Blickwinkel** 31u; **König/Hecker** 11u, 53M, 77M, 95o; **Laux/Hecker** 11M, 111u; **Muer** 15o; **Pforr** 51M; **Rainer/Blickwinkel** 73Ml; **Sailer/Blickwinkel** 113u; **Sauer/Hecker** 39ul, 43u, 55or, 59u, 73u, 89u, 93Mr, 107ur; **Spohn/Hecker** 15M, 31o, 37or, 39or, 53u, 55ol, 61o, 69or, 71or, 85o, 93o, 99o, 99u, 101or, 113o

Mit 165 Farbfotos von Albers/Hecker (2); Dreyer (4); Gartenschatz (46); Hecker (79); König/Blickwinkel (1); König/Hecker (4); Laux/Hecker (2); Muer (1); Pforr (1); Rainer /Blickwinkel (1); Sailer/Blickwinkel (1); Sauer/Hecker (8); Spohn/Hecker (15); 1 farbige Zeichnung von Marianne Golte-Bechtle sowie 13 Schwarzweißzeichnungen und 6 Piktogramme von Wolfgang Lang .

Umschlaggestaltung von eStudio Calamar unter Verwendung von einer Aufnahme von Frank Hecker (Blaubeere) und zweier Aufnahmen auf der Rückseite von Frank Hecker (Sanddorn und Wald-Sauerklee).

Das Bild auf Seite 2/3 zeigt Bärlauch, das Bild auf Seite 8/9 Ebereschen-Beeren (Aufnahmen von Frank Hecker).

Unser gesamtes lieferbares Programm und viele weitere Informationen zu unseren Büchern, Spielen, Experimentierkästen, DVDs, Autoren und Aktivitäten finden Sie unter www.kosmos.de

FSC

Mix

Produktgruppe aus vorbildlich bewirtschafteten Wäldern und anderen kontrollierten Herkünften

www.fsc.org Zert.-Nr. CQ-COC-000012

ISBN-13: 978-3-440-11808-5
Projektleitung: Carsten Vetter
Lektorat, Satz: Barbara Kiesewetter, Redaktionsbüro, München
Produktion: Markus Schärtlein
Grundlayout: eStudio Calamar
Printed in Italy / Imprimé en Italie

auf einen Blick

Welches Sternbild ist das?
978-3-440-11713-2

Welcher Gartenvogel ist das?
978-3-440-11809-2

Welche Tierspur ist das?
978-3-440-11807-8
erscheint Juni 2009

Welcher Pilz ist das?
978-3-440-11819-1
erscheint Juni 2009

978-3-440-10674-7

978-3-440-08219-5

978-3-440-10744-7

KOSMOS

Sammeln und genießen

Beate Slipher
Natur satt!
144 Seiten, ca. 250 Abbildungen
€ 19,95; €/A 20,60; sFr 36,90
ISBN 978-3-440-11817-7

- Frisch, fröhlich und abwechslungsreich – wilde Kräuter, Beeren und Pilze sammeln und zubereiten.

- Leichte Salate, knuspriges Gebäck, erfrischende Getränke und köstliche Pasta lassen sich aus den Zutaten der Natur im Handumdrehen zubereiten.

KOSMOS

www.kosmos.de/natur

Preisänderung vorbehalten